སྐྱབས་གསུམ།

꺕 쑴

삼귀의에 대한 가르침

게셰 체링 노르부 지음
게셰 소남 초펠 각주
인강 김수연 옮김

게셰 체링 노르부 법문집

 སྐྱབས་གསུམ།

그린비

일러두기

이 법문집은 게셰 체링 노르부 스님이 처음 한국을 방문했던 2023년, 비구 법귀 스님이 청법하여 부산 기장의 백련사에서 열었던 법회에서 설한 법문을 엮은 것이다.

2023년 7월 29일에서 30일 이틀에 걸쳐 게셰 체링 노르부 스님이 티베트어로 설한 법문을 김수연이 한국어로 통역했으며, 모두의 스승인 게셰 빨댄 닥빠 스님께서 매일 밤 게셰 체링 노르부 스님과의 전화 통화로 법문과 그에 대한 질의응답을 직접 점검하고 지도하였다.

이 법문을 들은 이는 법귀 스님, 설법자 체링 노르부 스님의 스승인 게셰 빨댄 닥빠 스님의 제자 김수연, 제자 게셰 텐젠 상보 스님과 게셰 체링 왕축 스님, 재가불자 진각행·최임득·박서현 일곱이다.

법문을 채록하여 정리한 사람은 법귀 스님과 김수연·박서현이고, 법귀 스님이 초고를 책 형태로 엮었다. 거기에 게셰 소남 초펠 스님이 각주를 달았고, 박서현이 한글의 교정과 교열, 편집을 하였다.

지은이 게셰 체링 노르부(Geshe Tsering Norbu)

남인도 대뿡 로셀링 사원의 승려이자 전임 불교철학 교수사이며, 반야학 최고의 권위자 대선지식인 게셰 빨댄 닥빠의 수제자. 티베트에서 태어나 어린 나이에 고향의 작은 사원에서 불교 공부를 시작했고, 1984년 스승 상라 툴쿠잠빠 툽덴 린첸에게 사미계를 받았다. 인도로 건너가 대뿡 로셀링 사원에 입학한 해에 달라이 라마 존자에게서 비구계를 받았다. 2001년 게셰 하람빠(티베트 겔룩빠 최고의 불교철학 박사) 학위를 받았고, 2008년 로셀링 사원 교육부의 주요 책임자가 되었다. 2010년 티베트 당고 지역의 가덴 랍덴남걜 사원에서 샨띠데와의 『입보리행론』과 빨댄 닥빠 큰스님의 가르침을 전했다. 2008년부터 현재까지 로셀링 사원에서 재직하면서 현교와 밀교에 대한 5대 불교 경전을 가르치는 한편, 온라인으로도 불교 입문 과정을 가르치며 세상의 평화와 행복을 위해 불교를 선양하는 일에 전념하고 있다. 저서로 『ཤེས་རབ་སྙིང་པོ་དང་ཡོན་ཏན་གཞིར་གྱུར་མའི་འགྲེལ་པ།』(반야심경과 공덕의 토대 주석) 등이 있다.

법문지도 게셰 빨댄 닥빠 큰스님

겔룩빠 3대 승원의 하나인 대뿡 로셀링 사원의 저명한 지도자이자 교수사. 중관학에 대한 특별한 견해를 차별화된 방식으로 설명해 명성을 떨치고 있다. 1947년 티베트 간덴 랍케링 사원으로 출가하여 1951년 티베트 라싸의 대뿡 사원에서 경전 공부를 시작했고, 1959년 인도로 망명해 1974년 인도 대뿡 사원에서 게셰 하람빠 학위를 받았다. 1989년부터 지금까지 대뿡 사원에서 학인들에게 5대 경인 인명학, 반야학, 중관학, 구사론, 율학을 가르치고 있다. 1983년 버지니아대학교(University of Virginia) 초청으로 불교 심리학을 가르쳤고, 2003년 에모리대학교(Emory University) 초청으로 3개월간 중론의 가르침을 폈다. 저서로『선설신심장엄』*Legs bshad dad pa'i mdzes rgyan*, 『현자들께서 기뻐하시는 중관의 난제에 관한 요지를 밝힌 견해』 등이 있다.

각주 게셰 소남 초펠

티베트 불교철학 박사. 티베트에서 태어나 어린 나이에 인도로 망명해 불교 공부를 했다. 티베트 대뿡 로셀링 사원에서 게셰 하람빠 학위를 받았고, 에모리대학교에서 뇌과학을 공부했다. 대뿡 로셀링 명상 및 학문 센터 공동이사와 에모리대학교 티베트 학문 주관조정자를 역임했으며 정토마을 한국티베트문화학술연구원(KTCARI)에서 번역을 하면서 붓다의 가르침을 전하고 있다. 번역서『로사르믹제(새로운 마음의 눈을 여는 말씀)』(달라이 라마 지음)가 있다.

옮긴이 인강 김수연

2001년 영담 스님을 은사로 모시고 출가했다. 2013년 동국대학교 경주캠퍼스에서 석사학위를 받은 후 게셰 빨댄 닥빠 큰스님을 스승으로 하여 남인도 장춥최링(Jangchub Choeling) 티베트 사원에서 9년간 인명학과 반야학을 공부했다. 현재 동국대학교 불교학과 박사과정 중에 있다. 공동번역서『현자들께서 기뻐하시는 중관의 난제에 관한 요지를 밝힌 견해』(게셰 빨댄 닥빠 지음)이 있다.

སྔོན་གླེང་།

ནང་པ་སངས་རྒྱས་པ་ཞིག་ཡིན་ན་ནང་པའི་ལྟ་གྲུབ་ལ་དོ་སྣང་བྱེད་པ་དང་མཉམ་
དུ་སྒྲུབས་འགྲོའི་སྐོར་ལ་གོ་རྟོགས་ཟབ་མོ་ཞིག་འཚོག་རྒྱུ་ནི་ཧ་ཅང་གི་གལ་ཆེན་
པོ་ཆགས་ཡོད། ནང་ཆོས་ཉམས་ལེན་བྱེད་མཁན་ཞིག་ལ་མེད་དུ་མི་རུང་བའི་
རང་གཞི་གཙོ་བོ་ནི་སྒྲུབས་འགྲོ་རྣམ་དག་ཅིག་རང་རྒྱུད་ལ་སྐྱེ་རྒྱུ་དེ་ཡིན།
དེས་ན་བདག་གིས་སྤྱ་ལོར་སྤྱི་ཀོ་རེ་ཡར་སྒྲུབས་གསུམ་གྱི་སྐོར་རང་རྣས་ཡོད་
ཆད་ཀྱིས་འཆད་ཁྲིད་ཞིག་གསལ་ཞིག་བྱས་པ་དེ། འབྲེལ་ཡོད་ཆོས་ཕྱགས་
ཁྱར་ཆེད་བཞེས་ཀྱིས་ཀོ་རེ་ཡའི་སྐད་དུ་བསྒྱུར་ནས་དཔར་སྐྲུན་བྱེད་བཞིན་པ་གོ་
བས་འབྲེལ་ཡོད་ཆོང་མ་ལ་ཕྱགས་རྗེ་ཆེ་ཞུ་རྒྱུ་ཡིན།

དཔེ་དེབ་འདིར་སྒྲུབས་འགྲོའི་སྐོར་དོན་གནད་ཕྱུག་ཏུ་བསྡུས་ནས་གསལ་བཤད་
ཞིག་ཆགས་དང་གོ་བདེ་བ་ཞིག་བྱས་ཡོད། དེ་འདིས་སྐྱིག་པ་པོ་ཡོངས་ལ་ཕན་
ཐོགས་རྒྱུ་ཆེན་པོ་ཡོད་བའི་རེ་བ་དང་། ཕྱག་པར་དུ་ལོའི་སྒྲུབས་འགྲོའི་འཆད་
ཁྲིད་ལ་ཡང་ཕན་ཐོགས་ཡོང་བའི་སྨོན་ལམ་དང་ཡིད་ཆེས་ཡོད།

འབྲས་སྤུངས་བློ་གསལ་གླིང་དུ་ཉོར་དགེ་བཤེས་ཆོ་རིང་ནོར་བུས་ཕྱི་ལོ་
༢༠༢༧ ལོ་ཟླ་༡༠ ཆེས་༡༤ ཉིན་བཟང་པོ་ལ།

머리말

불자로서 불교 철학에 관심을 갖는 동시에 삼귀의를 깊이 이해하는 것은 매우 중요합니다. 불교를 실천하는 사람에게 가장 필수적인 기본 토대는 마음속에 올바른 귀의심을 일으키는 것입니다.

제가 2023년에 한국에서 삼귀의에 대하여 최선을 다해 상세하게 강의를 한 적 있는데, 그것에 주석을 달아 한국어로 정성껏 번역하여 출판한다는 소식을 들었습니다. 모든 관계자 분께 감사드립니다.

이 책은 귀의를 여섯 가지 핵심 주제로 나누어 상세하고 알기 쉽게 설명한 책입니다. 이 책이 모든 독자에게 큰 도움이 되기를 바라며, 특히 올해의 귀의 강의에도 유익하게 쓰이기를 기원하고 믿습니다.

2024년 12월 15일
대뽕 로셀링의 테호르 게셰 체링 노르부

추천사

일반인들이 불교를 공부하려고 하면 다들 어렵다고 말합니다. 저도 그렇게 생각합니다.

중 노릇을 이십 몇 년을 했는데 문득 제게 삼귀의가 있나 하는 의문이 들었습니다. 아직 귀의가 제대로 안 되어 있구나 하는 것을 깨닫고부터 삼귀의 기도를 십만 번 했습니다.

삼귀의 기도를 하면서 기본을 모르고 기도하고 공부하고 수행했다는 것을 알았습니다. 기본이 안 되어 있으니 공부를 해도 성취가 안 되고 알음알이만 있었다는 것을 뼈저리게 느꼈습니다. 그리하여 많은 불자들이 삼귀의 법문을 들었으면 좋겠다는 발원을 하게 되었습니다.

노르부 스님이 생애 처음 방문한 외국이 한국이었고, 그 우연한 인연으로 스님께 삼귀의 법문을 청했습니다.

삼귀의가 어떤 것인지 분명히 알게 되면 공부의 방향이라든가 계율과 도덕적인 부분, 불자들이 지켜야 할 지침이나 수행 방향이 제대로 자리 잡지 않을까 합니다.

삼귀의가 제대로 된다면 한층 성숙하고 보람되며 떳떳하고 자랑스러운 불자가 될 것이며 한국 불교도 보다 향상될 것이라 확신합니다.

진실한 불자가 되어 가정과 사회, 나라를 위해 불교의 가르침을 펼친다면 온 세상이 평화롭고 따뜻한 지구 가족이 되지 않을까요?

범어사 법귀

차례

게 셰　체 링　노 르 부　법 문 집

ཀྱབས་གསུམ།

깝쑴

삼귀의에 대한 가르침

I. 귀의의 핵심 여섯 가지

"삼귀의처 모두가 구현된 스승이신 금강수불
어떤 제자에게나 다양한 선지식의 모습으로 나투어
최고의 성취와 공통된 성취를 주시는
은혜로운 스승들께 예경 드립니다."

먼저 법회에 참석한 모든 분께 "따시델렉"이라고 인사 올립니다. 이번 법회에서 여러분께 소개할 내용은 꺕쑴[1](세 가지 귀의)에 관한 것입니다.

세 가지 귀의(삼귀의)는 붓다(상계 쫌덴데)[2]의 제자로서 소중하게 따라야 할 붓다의 중요한 가르침(쵸)[3] 중 하나입니다. 삼귀의는 붓다의 제자인지 아닌지를 구분하는

---

1 꺕쑴: རྐྱབས་གསུམ། 삼귀의. 세 가지 귀의.
2 상계 쫌덴데: སངས་རྒྱས་བཅོམ་ལྡན་འདས། 붓다. 상계는 붓다 곧 완전한 깨달음을 얻은 분. 쫌덴데는 멸하고 갖추고 벗어난 분.
3 쵸: ཆོས། 법. 붓다의 가르침. 다르마.

기준이 되며, 자신이 불자(낭빠)4에 해당하는지를 판단하는 지표가 됩니다.

따라서 스스로 불자라고 여긴다면 귀의심(꺕도쎔)5을 지니고 있어야 하며, 귀의심을 일으키고 나서도 귀의심이 기울어져 있는지 아닌지를 늘 살펴보아야 합니다.

참된 불자라면 입으로만 불자라고 말할 것이 아니라 삼보(꼰촉쑴)6를 향한 귀의심을 진심으로 지니고 있어야 하며, 또한 귀의심이 기울어지지 않게 하는 것이 불자로서 가져야 할 가장 첫 번째 자질이라고 할 수 있습니다.

이와 같은 내용은 쫑카빠 대사7뿐만 아니라 아띠샤 존

---

4 낭빠: ནང་པ། 불자.

5 꺕도쎔: སྐྱབས་འགྲོ་སེམས། 귀의심. 꺕도는 귀의, 쎔은 마음.

6 꼰촉쑴: དཀོན་མཆོག་གསུམ། 삼보. 세 보배.

　　① 상계꼰촉: སངས་རྒྱས་དཀོན་མཆོག 불보. 보배로운 붓다.

　　② 최꼰촉: ཆོས་དཀོན་མཆོག법보. 보배로운 붓다의 가르침.

　　③ 게둔꼰촉: དགེ་འདུན་དཀོན་མཆོག 승보. 보배로운 상가(승가).

7 잠곤 쫑카빠(འཇམ་མགོན་ཙོང་ཁ་པ། 1357~1419) 대사는 티베트 동쪽 '도메 쫑카'라는 지역에 태어났으며 라싸 쪽으로 가서 공부하고 수행하면서 훌륭한 학자와 수행자가 되었다. 『람림』(보리도차제) 등 현교와 밀교에 관한 방대한 논서를 남겼다. 티베트의 최대 사원 중 하나인 '간덴 사원'을 지었고 티베트 불교 종파 중 하나인 '겔룩빠'를 창시했다. 티베트에서는 두 번째 붓다로 추앙되며 해마다 티베트의 음력

자[8]께서도 말씀하셨습니다. 그렇기 때문에 불자들은 귀의(꺕도)에 대해서 깊은 관심을 가져야 합니다.

이번 법회에서는 귀의를 여섯 가지 항목으로 구분하여 핵심을 요약해 말씀드리고자 합니다.
여섯 가지 항목은 다음과 같습니다.

1. 귀의의 원인
2. 귀의의 대상
3. 귀의하는 방식
4. 삼보께서 우리를 구제하는 방식
5. 귀의한 이가 실천해야 할 지침(학처)
6. 귀의의 공덕

이를 중심으로 말씀드리겠습니다. 이 여섯 가지 항목

10월 25일에 '게덴응아최'라 하여 쫑카빠 대사의 열반을 기념한다.
8 아띠샤 존자(980~1054)는 인도의 불교 학자이자 스승으로, 티베트 불교의 중요한 인물이다. 티베트에서 불교를 부흥시키는 데 크게 기여했으며, 『보리도등론』이라는 유명한 저서를 남겼다. 아띠샤 존자의 가르침은 티베트 불교의 까담빠 전통의 기초가 되었고, 그의 영향은 오늘날까지 티베트 불교에서 중요하게 여겨진다.

을 중심으로 이해하면 세 가지 귀의가 무엇인지 파악하는 데 큰 도움이 되리라 생각합니다.

1. 귀의의 원인

1) 귀의의 원인 두 가지

첫 번째로, 귀의(꺄도)의 원인에 대해서 말씀드립니다.

이것은 매우 중요한 부분입니다. 귀의의 원인이 견고하고 바르다면 그 결과로 발생하는 귀의심 또한 견고해집니다.

좋은 열매를 수확하고자 한다면 그 원인이 되는 밭에 좋은 씨앗을 뿌리고 정성껏 물과 거름을 줌으로써 열매가 잘 익도록 살펴야 합니다. 삼귀의의 원인을 바르게 심어야 하는 이치 또한 이와 같습니다.

좋은 원인에 의해서 좋은 열매를 얻게 되는 것처럼 우리가 귀의하는 그 원인이 바르고 견고하다면 결과적으로 바르고 참된 귀의를 할 수 있습니다.

보통 귀의심을 일으키는 원인에는 많은 것이 있지만 중요한 원인으로 두 가지를 말할 수 있습니다.

1. 귀의의 원인

그 두 가지 원인 중에서 첫 번째는 윤회(코르와)[9]와 악도(응앤쏭)[10]의 고통에 대해서 두려운 마음을 일으키는 것입니다.

먼저 윤회의 고통이 어떠한 것인지를 자세히 설명드리자면,

'윤회의 고통'이란, 우리가 스스로의 힘(랑슉끼)[11] 없이 업과 번뇌(뇬몽)[12]의 힘에 좌지우지되어 삼계(캄쑴)[13]의 끝자락인 지옥에서부터 삼계의 꼭대기인 유정천(비상비비상처정)[14]을 모두 망라하는 이 윤회의 세계를 자유의지

---

9 코르와: འཁོར་བ། 윤회. 태어남-죽음-재탄생의 끝없는 주기.

10 응앤쏭: ངན་སོང་། 악도. 다음생에 지옥, 아귀, 축생으로 태어남.

11 랑슉끼: རང་ཤུགས་ཀྱིས། 자력. 스스로의 힘. Self-power.

12 뇬몽: ཉོན་མོངས། 번뇌. 괴로운 감정. 번뇌. 번뇌에는 '뿌리번뇌'(여섯 가지)와 '이차적 번뇌'(스무 가지)가 있다.

13 캄쑴: ཁམས་གསུམ། 삼계. 세 가지 세계. The Three Realms.
　① 되캄: འདོད་ཁམས། 욕계. 욕망 세계. Desire Realm.
　② 숙캄: གཟུགས་ཁམས། 색계. 물질 세계. Form Realm.
　③ 숙메끼캄: གཟུགས་མེད་ཀྱི་ཁམས། 무색계. 물질 없는 세계. Form-less Realm..

14 유정천(비상비비상처정): '상이 없고 상 없는 것이 아닌 것', '거친 생각이 없고 미세한 생각은 있는 상태'. 이 위에 더 이상 윤회의 세계

없이 끊임없이 들고날 수밖에 없는 고통을 의미합니다. 바로 이것을 윤회의 고통이라고 합니다.

그리고 '악도의 고통'이란 지옥, 아귀, 축생도에 대한 두려움을 말합니다. 악도의 삶에 대해 고통과 두려움을 느껴서 불안한 마음을 일으킨 뒤에야 비로소 악도에서 나를 구제할 수 있는 능력이 누구에게 있는지를 살피게 됩니다.

그리고 그러한 고찰을 한 결과로서 '아! 나를 구제할 만한 능력과 공덕을 가지고 있는 분은 오직 삼보뿐이구나!' 하고 이해하게 됩니다.

이와 같이 두 가지 마음(쎔)15을 갖추면 귀의심이 생겨납니다.

가 존재하지 않아서 '윤회의 꼭대기'라고도 한다.

15 쎔: སེམས། 마음. Mind. Consciousness. Awareness.

2) 귀의 세 가지

일반적으로, 귀의는 하사도(께부충우)[16]의 귀의와 중사도 (께부딩)[17]의 귀의, 상사도(께부첸뽀)[18]의 귀의, 세 가지로 구분할 수 있습니다.

(1) 하사도의 귀의

방금 말씀드린 귀의가 하사도(께부충우)의 귀의입니다. 악도에 대한 두려움으로 인해서 구제해 줄 대상을 찾게 되는 것입니다.

'나를 악도에서 구제할 수 있는 분이 누굴까?'라는 생각을 일으키고 나서야 비로소 삼보만이 나를 구제할 수 있다는 믿음(대빠)[19]이 생깁니다.

이러한 측면에서 삼보께 귀의하는 것, 이것을 하사도의 귀의라고 할 수 있습니다.

---

16 께부충우: སྐྱེས་བུ་ཆུང་ངུ་། 하사도. 근기가 작은 사람. Person of Small Capacity.

17 께부딩: སྐྱེས་བུ་འབྲིང་། 중사도. 근기가 중간인 사람. Person of Medium Capacity.

18 께부첸뽀: སྐྱེས་བུ་ཆེན་པོ། 상사도. 근기가 큰 사람. Person of Great Capacity.

19 대빠: དད་པ། 신심. 믿음. Faith.

(2) 중사도의 귀의

윤회의 고통을 보고 윤회의 고통에서 벗어나고자 하는 마음으로 삼보를 향해 신심을 일으킨 상태에서 삼보께 윤회에서 구제해 주기를 원하는, 염원을 일으키는 마음, 이것을 중사도(께부딩)의 귀의라고 할 수 있습니다.

(3) 상사도의 귀의

중생 모두(쎔쩬 탐쩨)[20]의 고통(둥엘)[21]을 보고 이에 대한 두려움을 일으키고 난 이후 삼보에 대한 신심을 일으켜서 귀의하는 마음을 상사도(께부첸뽀)의 귀의라고 할 수 있습니다.

3) 귀의심을 일으키는 요건

하사도, 중사도, 상사도 각각에 귀의심을 일으키는 두 가지 원인이 되는 마음이 존재합니다. 고통을 두려워하는 마음과 삼보께 염원하는 마음이 삼사도 각각의 근기(왕

---

20 쎔쩬 탐쩨: སེམས་ཅན་ཐམས་ཅད། 일체중생. 쎔쩬은 '마음 가진 이', 유정, 탐쩨는 '모두'를 뜻한다.

21 둥엘: སྡུག་བསྔལ། 고통. Suffering.

1. 귀의의 원인

뽀)²²와 발원에 맞게 귀의심을 일으킵니다. 귀의심을 일
으키는 원인인,

① 윤회의 고통과 악도의 고통을 보고서 이에 대한 두
려움을 일으킴으로써 무섭고 두려운 마음을 갖는 것
② 이러한 고통에서 나를 구제할 분이 오직 삼보라고
믿는 신심

이 두 가지를 갖추는 것이 바른 귀의심을 일으키는 가
장 중요한 요건입니다.

4) 고통 세 가지

그렇다면 여기서 말하는 고통이란 무엇일까요?
고통에는 세 가지가 있습니다. 괴로움의 고통(둥엘기
둥엘), 바뀜의 고통(규르외 둥엘), 유위의 고통(두제끼 둥
엘)²³입니다.

---

22 왕뽀: དབང་པོ། 근기. 중생이 불법을 듣고 깨달아서 아는 능력.
23 둥엘기 둥엘: སྡུག་བསྔལ་གྱི་སྡུག་བསྔལ། 고고. 괴로움의 고통. Suffer-
    ing of Suffering. 규르외 둥엘: འགྱུར་བའི་སྡུག་བསྔལ། 괴고. 바뀜의 고
    통. Suffering of Change. 두제끼 둥엘: འདུ་བྱེད་ཀྱི་སྡུག་བསྔལ། 행고.

(1) 괴로움의 고통(고고)

첫 번째 괴로움의 고통(둥엘기 둥엘)은 매우 거친 차원의 고통입니다.

우리 인간뿐만 아니라 작은 벌레들조차 이것이 고통이라는 것을 인지하고 있습니다. 여러분 스스로도 경험을 통해서도 알 수 있을 것입니다.

육체를 통해서 느끼는 고통, 즉 목마름과 배고픔, 병고, 더위와 추위로 인해서 느끼는 고통 따위가 첫 번째 괴로움의 고통에 해당합니다.

벌레나 새들조차도 이러한 괴로움의 고통을 인지하고 있고 고통에서 벗어나기 위해 고군분투합니다. 이것은 아침에 일찍 일어나 먹이를 잡아먹음으로써 굶주린 배를 채우는 모습에서도 알 수 있습니다. 괴로움의 고통은 벌레나 짐승조차도 인지하고 있는 고통이며 그들 또한 그러한 고통에서 벗어날 수도 있습니다.

우리 인간은 축생보다 고등한 지성을 지닌 존재입니다. 그렇기 때문에 괴로움의 고통 차원을 넘어선 미세한 고통인 바뀜의 고통(규르외 둥엘)이라는 것, 즉 변화하는

유위의 고통. 무상함을 조건으로 한 고통을 뜻한다. All- Pervasive Suf-
fering of Conditioning.

1. 귀의의 원인

고통에 대해서 잘 이해하는 것이 매우 중요합니다.

괴로움의 고통과 같이, 우리가 축생이 느끼는 고통의 차원인 배고프고 목마른 고통이나 병고, 추위와 더위로 인한 고통 따위 정도만을 고통으로 여긴다면 우리는 인간으로서 두 발로 걷는다는 사실 말고는 짐승과 다를 바 없는 존재가 될 것입니다.

그래서 괴로움의 고통 차원을 넘어선 고통을 이해하려 할 때는 바뀜의 고통과 유위의 고통(두제끼 둥엘)에 대해 잘 파악하는 것이 중요합니다.

(2) 바뀜의 고통(괴고)

두 번째, 바뀜의 고통(규르외 둥엘)은 업과 번뇌의 힘으로 느끼는 유루(삭쩨)[24]의 즐거운 감각을 말합니다.

예를 들면, 매우 추운 날 바깥에 있다가 따뜻한 집에 들어갔을 때 느끼는 좋은 감각이 있지 않습니까? 그때 느끼는 즐겁고 행복한 감정, 이것을 바뀜의 고통의 한 예로 볼 수 있습니다.

왜 바뀜의 고통이라고 할까요?

---

24 삭쩨: ཟག་བཅས། 유루. 번뇌로 인해 오염된 것.

지금 느끼는 감각은 즐거움이지만 이것은 언제라도 괴로운 감각으로 변화할 수 있는 상태에 있는 것이기 때문에 바뀜의 고통이라고 하는 것입니다. 즉, 바뀜의 고통을 사유할 때 핵심이 되는 것은 즐거운 감각이 지나치게 많아지면 이것이 고통으로 변한다는 사실입니다.

예를 들어, 우리가 아주 더운 날씨에 시원한 집에 들어가면 당장은 좋다고 느끼지만 시원함이 지나치면 그것은 그 즉시 추위의 고통으로 바뀌게 됩니다.

이와 마찬가지로 우리가 목이 마를 때 물을 마시면 당장은 갈증이 해소되지만 물을 지나치게 많이 마시면 그로 인해서 고통이 일어나는 것입니다.

이와 같은 사례는 현실에서 많이 찾아볼 수 있습니다. 이러한 것들을 바뀜의 고통이라고 합니다.

바뀜의 고통 차원의 고통에 대해서는 외도(비불교도)들도 인지하고 있습니다. 그들은 이러한 고통에서 벗어나기 위해서 도를 닦으며, 궁극적으로 유정 사마디(비상비비상처정)에 이를 때까지 선정(쌈죽)[25]을 닦습니다.

---

25 쌈죽: བསམ་གཏན། 선정. 디야나. 마음의 생각이 완전히 정지된 집중 상태. 욕계(욕망세계)를 집착하는 거친 번뇌가 점점 제거되고 미세한 마음에 집중력이 생기면 욕계의 좋은 것에 대한 집착이 생기

31   1. 귀의의 원인

하지만 외도들에게는 세 번째 고통인 '유위의 고통'에 대한 이해가 없기 때문에 이러한 허물로 인해서 아무리 윤회의 꼭대기(시쩨)[26]까지 올랐다 하더라도 다시 욕망 세계(욕계)로 떨어지게 되는 것입니다.

(3) 유위의 고통(행고)

우리가 실제 고통이라는 것에 대해 사유하고자 했을 때 가장 미세하고 파악하기 어려운 고통이 바로 이 세 번째 유위의 고통(두제끼 둥엘)에 해당합니다.

따라서 많은 사유(똑빠)[27]를 하고 공부를 해야만 유위의 고통을 파악할 수 있으며, 그렇지 않고서는 '윤회하면서 끊임없이 떠도는 괴로움'을 의미하는 유위의 고통을 이해하기가 쉽지 않습니다.

욕계(되캄), 색계(숙캄), 무색계(숙메끼캄) 중에서 무색계의 가장 꼭대기에 있는 곳을 유정천이라고도 하고 비

지 않고 선정에 들게 된다. 그때 생긴 사마디가 색계(물질세계)의 선정이고 색계의 마음이다. 계속 수행을 하면 색계를 집착하는 마음과 거친 번뇌가 없어지며, 이것이 무색계(물질 없는 세계)의 선정이다.

26 시쩨: སྲིད་རྩེ། 무상천. 무색계의 땅. 윤회의 꼭대기.

27 똑빠: རྟོག་པ། 사유. Thought.

상비비상처천이라고도 합니다.

　유위의 고통의 의미를 말씀드린다면,
　욕계의 가장 낮은 곳에 있는 지옥에서부터 삼계의 꼭
대기에 있는 무색계의 유정천에 이르기까지 윤회 세계를
끊임없이 오르내리면서 나고 죽는 것을 반복할 수밖에
없는, 생사의 고리에 매여 있어서 벗어나지 못하는 상태
를 유위의 고통으로 이해할 수 있습니다.
　이 세 번째 유위의 고통은 배고프고 목마른 고통, 또는
추위와 더위의 고통처럼 파악하기가 쉽지는 않습니다.
　유위의 고통이 무엇인지를 사유했을 때 스스로의 힘
(자력) 없이 업과 번뇌(뇬몽)에 의해서 좌지우지되는 것을
괴로움으로 여긴다는 것을 알 수 있습니다.
　사유해 보지 않은 상태에서는 유위의 고통이 인지되지
않지만, 잘 생각해 보면 우리에게 자유의지가 티끌만큼
도 없다는 사실을 알 수 있습니다.
　우리에게 가장 큰 고통이 바로 자유(랑왕)²⁸가 없는 고
통입니다. 우리는 자신에게 자유가 없다는 사실에 대해

---

28 랑왕: རང་དབང་། 자유. Freedom.

　　　　　　　　　　　　　1. 귀의의 원인

인지하지 못하고 있기 때문에 그것을 고통의 본질로 여기지 않습니다.

하지만 이와 같은 현실을 고통으로 볼 수 있다면, 자유 없이 윤회하여 나는(생하는) 고통이 고통의 본질이라는 생각이 강하게 생겨나게 됩니다.

한편, 유위의 고통을 파악하지 못한다면 고통의 실상에 대해서 알지 못하는 상태에 머물 것입니다.

5) 자유가 없다는 것

그렇다면 자유가 없다는 것은 무엇을 말하는 것일까요? 그것은 업과 번뇌의 힘으로 모든 것이 좌지우지된다는 것입니다.

우리는 누구나 부유하기를 원하고, 아름다운 모습을 갖기를 원하며, 병이 없기를 원하고, 장수하기를 원하고 또한 명예를 얻기를 원합니다. 하지만 원한다고 해서 모두 다 얻을 수는 없습니다.

그 이유는 우리가 생각하는 대로 다 이룰 수 있는 '스스로의 힘'(자력)이 없기 때문입니다. 죽기를 원치 않아도 결국 죽게 되고 아프기를 원하지 않아도 아픔을 겪게 됩니다.

이러한 모든 고통을 겪어야 하는 이유는 스스로 원하

는 대로 이룰 수 있는 권한이 우리에게 티끌만큼도 없기 때문입니다. 업과 번뇌가 움직이는 대로, 그 힘에 따라서 우리가 좌지우지되고 움직이는 것입니다.

이러한 사실을 잘 생각해 본다면 '우리는 조금의 자유도 없는 존재구나!'라는 생각이 일어나게 되고, 이를 통해 윤회의 허물을 인지하게 되어서 비로소 고통의 본질이 무엇인지 이해하게 되는 것입니다.

잘 살펴보면 우리는 마치 감옥에 갇힌 죄수와 같습니다. 사형수가 감옥 안을 여기저기 돌아다니더라도 감옥에서 벗어날 수 없습니다.

죄수에게는 자유가 조금도 허락되지 않습니다. 그와 같이 우리도 자유의지 없이 이 윤회의 세계를 반복해서 유영할 뿐입니다.

우리가 가장 먼저 인지해야 할 중요한 내용이 바로 유위의 고통입니다. 유위의 고통을 생각하는 것이 쉽지는 않습니다.

하지만 어렵더라도 '업과 번뇌의 힘으로 좌지우지될 뿐 자신에게는 티끌만큼의 권한도 주어지지 않는 현실'을 자신의 능력만큼 최선을 다해 사유하고 또 반복해서 깊이 사고할 수 있다면 업과 번뇌의 힘으로 더 이상 끌려가지 않도록 만들 수가 있습니다.

1. 귀의의 원인

궁극적으로는 업과 번뇌의 힘으로 생을 받지 않는 경지에 이르도록 해야 합니다.

6) 무생을 깨달아 얻으려면

업과 번뇌의 힘으로 다시 태어남이 없는 상태인 무생(꼐와메빠)[29]을 깨달아 얻으려면 무엇을 해야 할까요?

번뇌를 끊는 것이 핵심입니다. 그리고 번뇌를 끊게 하는 대치법(해독제*녠뽀)[30]이 자신에게 없기 때문에 먼저 번뇌를 해독하는 방식이 어떠한 것인지를 살펴보아야 합니다.

우리가 삼보께 기원하고 염원을 해야 하는 요지 또한 이와 같은 해독 방식을 배워 번뇌를 제거하는 것입니다.

여기까지가 귀의의 원인 두 가지에 대한 설명입니다.

7) 참된 귀의심

다시 설명하자면, 귀의심을 일으키는 원인은

① 윤회와 악도의 고통에 대한 두려움 일으키는 것

---

29 꼐와메빠: རྐྱེ་བ་མེད་པ། 무생. 생겨나지 않음. Non-arising.

30 녠뽀: གཉེན་པོ། 해독제. 대치법은 해독제(녠뽀)의 다른 말.

② 이러한 두려움에서 구제해 줄 능력을 갖춘 분이 오직 삼보뿐이라는 믿음과 신심

이 두 가지입니다.

이와 같은 내용을 거듭 강조해서 말씀드리는 것은, 귀의의 원인이 바르게 자리 잡아야 참된 귀의심이 일어날 수 있기 때문입니다.

8) 고통의 본질

한 가지 짚고 넘어가야 할 사실은, 요즘 시대에 붓다의 가르침을 알리는 데 있어 서양인들에게는 고통의 본질에 대해 설명할 기회가 제한된다는 점입니다.

서양인들은 고통에 대해 스스로 잘 알고 있고 늘 경험하고 있다고 여기는 경향이 있습니다. 그래서 그들은 고통에 대해 들을 필요가 없다고 생각합니다.

하지만 고통에 대해 사유하는 것은 매우 중요합니다.

고통의 본질이 '끊임없이 존속되어 없앨 수 없는 성질'임을 알아야만 비로소 고통을 제거할 수 있는 방법이 무엇인지, 자신이 무엇을 할 수 있을지를 찾게 됩니다.

그렇기 때문에 먼저 고통이 무엇인지를 잘 이해해야만

합니다. 마치 병에 걸린 환자가 자신의 병이 무엇인지 파악하고 이해한 이후에 병을 낫게 하는 방법을 찾아 약을 먹고 치료를 받는 것과 같습니다.

만일 병이 무엇인지 잘 알지도 못한 채 병을 없앨 수 있다는 생각만으로 아무 약이나 먹어 버리면 병이 더 악화되거나 잘못될 위험이 있는 것과 같습니다.

일반적으로 불교 전통을 따르는 국가에서 샤꺄무니 붓다의 가르침을 이해할 때 '처음에 말씀한 내용도 고통에 관한 것이고 마지막 가르침도 고통에 대한 것'이라고 이해합니다.

9) 법을 마음으로 받아들이는 핵심

보통 "법(다르마*최)을 마음으로 받아들인다"라고 말할 때 어떤 의미를 내포하고 있을까요?

그것은 스스로의 힘과 능력에 한계가 있다는 사실을 알고서, 새로운 가능성을 찾아 그것을 희망하며 기대하는 마음을 불러일으키는 것입니다.

이러한 의미에서 우리는 법에 희망을 걸며 법을 찾고 그리고 나서 마음으로 법을 받아들이는 것입니다.

우리가 법을 받아들이는 핵심은, 윤회와 악도의 고통에서 벗어날 수 있는 능력이 스스로에게는 없다는 인식을 하는 것으로부터 비롯됩니다.

이로 인하여 그러한 능력을 갖춘 법을 희구하게 되고, 법에 의지함으로써 구제될 수 있다는 희망과 염원이 생기게 됩니다. 이러한 이유로 우리는 마음속에 법을 받아들이는 것입니다.

그래서 우리가 무엇을 위해 기도하고 귀의를 하는지를 아는 것이 중요합니다. 이를 이해하기 위해서는 고통의 본질을 인지하는 것이 중요하기 때문에 거듭해서 고통에 대해 강조해서 말씀드리는 것입니다.

10) 참된 귀의심이 생기는 이치

귀의심의 원인이 되는 두 가지 마음이 견고해지면 그 결과로 참된 귀의심이 생기는 이치를 예를 들어서 설명드리겠습니다.

신장암이나 폐암과 같은 암에 걸린 말기 암 환자가 자신의 병으로 인해 극심한 고통과 두려움에 떨고 있다고 했을 때, 이 환자가 병고에서 벗어나고자 한다면 무엇을 가장 먼저 하겠습니까?

내 병을 고칠 수 있는 훌륭한 의사를 가장 먼저 찾을 것입니다. 그러고 난 후에, 그 의사로부터 "당신의 병은

1. 귀의의 원인

내가 고쳐 줄 수 있다"라는 말을 듣게 되면 환자는 의사에 대한 깊은 믿음과 신뢰가 생길 것입니다.

환자가 병을 치유하고자 하는 의욕이 있고, 병을 고칠 수 있는 능력을 지닌 의사에 대해 깊은 신뢰와 믿음이 있다고 할 경우, 환자는 의사에게 백 퍼센트의 기대와 희망을 가지고 의지할 것입니다.

더 나아가 "제 병을 제발 고쳐 주십시오"라는 간절한 염원을 품은 채, "병이 나을 수 있다면 비용이 얼마가 들지라도, 설령 내 모든 재산을 바치고 집을 팔아서라도 치료하겠습니다"라고 말할 것입니다.

이처럼 간절한 마음으로 구제자에게 희구하는 마음을 품는 것을 귀의심이라고 합니다.

환자가 의사에게 간절한 희망을 품듯이, 우리 역시 마찬가지입니다. 윤회와 악도의 고통에 대한 두려움이 있고, 삼보만이 이러한 두려움에서 구제해 줄 수 있다는 신뢰가 있다면, 뼛속 깊은 곳에서부터 삼보께 희구하는 마음이 일어나게 됩니다.

그래서 쫑카빠 대사께서는 귀의심을 일으키는 원인인 두 가지 마음을 갖추는 것이 매우 중요하다고 말씀하셨습니다.

귀의의 원인이 되는 두 가지 마음가짐을 입으로만 표

현한다면 귀의심 역시 피상적일 것입니다. 반면에 두 가지 마음가짐을 견고하게 정립한다면 귀의심도 강인해질 것이라고 설명하셨습니다.

그렇기 때문에 귀의의 원인이 되는 두 가지 마음을 항상 사유하는 것이 매우 중요합니다.

이것으로 앞서 언급한 여섯 가지 항목 중 첫 번째인 귀의의 원인에 대한 설명을 마치겠습니다.

2. 귀의의 대상

두 번째로 말씀드리고자 하는 내용은 귀의의 대상에 관한 것입니다. 즉, 우리가 귀의해야 하는 대상이 누구인지에 대해 설명하겠습니다.

앞서 언급한 예와 같이 위중한 환자가 있다고 할 때, 환자는 병을 치유할 수 있는 능력을 가진 의사에게 기대를 해야 하는 것이지 능력이 없는 의사에게 기대한다면 그 결과는 허무한 일이 될 것입니다.

이와 마찬가지로 여기서 언급하는 '귀의의 대상'은 우

리가 염원하는 것을 실제로 이룰 수 있는 능력을 가진 대상을 의미하며, 그런 대상에게 귀의를 해야 합니다.

1) 귀의할 대상이 갖추어야 할 조건 네 가지

쫑카빠 대사께서는 우리가 귀의할 대상이 네 가지 조건을 갖추어야 한다고 설명하셨습니다.

(1) 스스로 해탈한 분

네 가지 조건 중 첫 번째는, 샤까무니 붓다처럼 스스로 모든 두려움에서 벗어난 분이어야 한다는 것입니다.

모든 두려움에서 벗어난 분께 귀의를 해야 하는 것이지, 그렇지 않고 자기 자신조차도 아직 고통에서 벗어나지 못한 이에게 귀의를 한다면 그 스스로가 해탈(타르빠)[31]을 얻지 못했기 때문에 그는 우리가 원하는 해탈을 성취시켜 주지 못할 것입니다.

---

31 타르빠: ཐར་པ། 해탈. 고통과 번뇌에서 해방되는 것 또는 고통과 번뇌에서 해방된 상태.

(2) 구제할 능력을 지닌 분

두 번째 조건은, 그 스스로 모든 두려움과 고통에서 벗어났을 뿐만 아니라 다른 이들을 두려움과 고통에서 구제할 수 있는 능력을 지닌 분이어야 한다는 것입니다.

다른 이들의 두려움을 제거할 능력이 없는 이에게 귀의한다면 우리가 아무리 기도를 하고 염원을 한다 할지라도 그로 인한 이득이 없을 것입니다.

또한 그가 중생의 고통을 제거하겠다는 생각을 일으킬지라도 결국 그렇게 할 수 없을 것입니다.

(3) 대자대비심을 지닌 분

세 번째 조건은, 대자대비심(닝제체메)[32]을 지니고 있는 분이어야 한다는 것입니다.

대자대비심이 없다면 아무리 염원을 하고 도움을 구한다 해도 누구에게나 공평하게 대하는 대자대비심이 있지 않기 때문에 그는 특정한 개인에게만 도움을 주는 편향된 자비를 행할 것입니다.

---

32 닝제체메: སྙིང་རྗེ་ཆད་མེད། 대자대비심. 중생 모두에게 괴로움과 괴로움의 원인이 없는 상태를 바라는 마음.

(4) 수행 공양을 기뻐하는 분

네 번째 조건은, 재물 공양(최빠)[33]을 기뻐하지 않고 수행 공양을 기뻐하는 분이어야 한다는 것입니다.

만약 이와 같은 마음이 없는 분이라면 물질 공양을 올리는 이들에게만 도움을 줄 것이며, 그렇지 않은 이들은 무시당할 수 있는 상황들이 생길 것입니다.

지금까지 우리가 귀의할 대상이 갖추어야 하는 조건에 대해서 네 가지로 설명을 드렸습니다.

(5) 이 네 가지 조건을 갖춘 분

그렇다면 네 가지 조건을 모두 갖추고 있는 분은 누구일까요?

바로 샤꺄무니 붓다입니다.

2) 귀의의 대상 세 가지

우리가 귀의해야 하는 대상에는 세 가지가 있습니다.

---

33 최빠: མཆོད་པ། 공양. '기쁘게 하다'라는 뜻.

① 교조인 귀의처

② 실제 귀의처인 법

③ 조력자인 귀의처

앞의 네 가지 조건을 구비해야 하는 대상은 교조인 귀의처에 해당합니다.

교조인 귀의처로서 불보(상계꼰촉)께서는 우리에게 취하고 버려야 하는 수행의 핵심 체계를 보여 줌으로써 우리를 해탈에 이르게 합니다.

귀의해야 할 대상 가운데 교조인 귀의처가 네 가지 조건을 구비해야 한다는 것을 이해한 뒤에는 실제 귀의처가 무엇인지를 알아야 합니다.

실제 귀의처인 법보(체꼰촉)는 사성제(겐빠시)³⁴ 중에

---

34 겐빠시: བདེན་པ་བཞི། 사성제. 네 가지 고귀한 진실. 고집멸도는 샤꺄무니 붓다께서 해석한 순서대로 나열한 것이다. 집(集)은 고통의 원인, 고(苦)는 집(集)의 결과, 도(道)는 고통을 없애는(滅) 방법, 멸(滅)은 도(道)의 결과이다.

① 데부둑웅앨기덴빠: འབྲས་བུ་སྡུག་བསྔལ་གྱི་བདེན་པ། 고성제. 고제. 고통의 진실. The Truth of Suffering.

② 규꾼중덴빠: རྒྱུ་ཀུན་འབྱུང་བདེན་པ། 집성제. 집제. 원인의 진실. 고통의 원인. The Truth of Causation.

2. 귀의의 대상

서 멸제(소멸의 진실)와 도제(도·길의 진실)에 포함되는 법
들을 말합니다.

그리고 조력자인 귀의처는 승보(게둔꼰촉)를 뜻합니다.

이러한 이치는 비유를 통해 쉽게 이해할 수 있습니다.

먼저 교조로서 귀의해야 할 대상인 붓다는 의사와 같
습니다.

실제 귀의의 대상인 법은 약과 같습니다.

세 번째인 조력자로서의 귀의 대상인 승보는 간호사와
같습니다. 그리고 우리는 병에 걸린 환자와 같습니다.

위중한 병에 걸린 환자는 자신의 생명을 포기하려 하
지 않으며, 또한 자신의 병을 치유할 능력이 있는 의사를
믿는다면 의사가 무엇을 처방하든 그의 말을 따라 약을
복용하면서 건강을 회복하려 할 것입니다. 의사가 어떤
말을 하든 그대로 약을 복용할 것입니다.

---

③ 곡삐덴빠: འགོག་པའི་བདེན་པ། 멸성제. 멸제. 소멸의 진실. The
Truth of Cessation.
④ 람기덴빠: ལམ་གྱི་བདེན་པ། 도성제. 도제. 도·길의 진실. The Truth
of Path.

병을 실제로 낫게 하는 것은 바로 약입니다.

앞서 말씀드린 것처럼 약과도 같은 법을 실제 귀의처인 법보라고 하는 까닭은, 환자의 병을 직접적으로 치료하는 것이 약인 것처럼 우리를 직접적으로 구제하는 것이 법이기 때문입니다.

환자가 병을 치료하기 위해서 약을 먹어야 한다고 했을 때 조력자가 되어 주는 간호사가 있다면 약을 언제 먹어야 하는지, 어떤 음식은 먹고 어떤 음식은 먹지 말아야 하는지 등의 도움을 받을 수 있습니다.

지금까지 귀의의 대상이 지니고 있는 특성에 대해서 설명드렸습니다.

3. 귀의하는 방식

다음으로 귀의하는 방식의 핵심을 요약하여 네 가지로 살펴보겠습니다.

첫 번째는 삼보의 공덕을 이해함으로써 귀의심을 일으키는 방식이 있습니다.

두 번째는 삼보 각각의 차이를 이해함으로써 세 가지 귀의심을 일으키는 방식이 있습니다.

세 번째는 삼보를 귀의처로 맹세함으로써 귀의하는 방식이 있습니다.

네 번째는 삼보가 아닌 다른 종교의 대상을 귀의처로 삼지 않겠다는 굳은 선언을 하면서 귀의하는 것입니다.

1) 삼보의 공덕을 아는 것

첫 번째, 삼보의 공덕을 아는 것이란 불보의 공덕과 법보의 공덕, 그리고 승보의 공덕 각각에 대해서 사유하는 것입니다.

(1) 불보의 공덕

쉽게 설명을 드린다면, 먼저 불보(상계꼰촉)의 정의에 대해서 말씀드리겠습니다.

불보란 두 가지 의미에서 완성(응온빠르족빠)[35]에 이르신 구원자, 귀의처를 말합니다.

여기서 두 가지 의미라는 것은 '자신의 이로움'(자리)과

---

35 응온빠르족빠: མངོན་པར་རྫོགས་པ། 완성. 구경.

'남의 이로움'(타리)을 말하며, 샤꺄무니 붓다께서는 자신의 이로움뿐만 아니라 남의 이로움 역시도 완성하셨음을 의미합니다.

이 두 가지 의미 모두를 완성한 분이 붓다라고 이해할 수 있다면 불보의 공덕을 이해한 것입니다.

자신의 이로움을 완성하게 한 방식은, 스스로 끊어야 할 모든 번뇌를 남김없이 끊고 또한 깨달아 얻어야 할 깨달음(장춥)[36]의 경지를 남김없이 모두 성취했음을 의미합니다.

남의 이로움, 즉 다른 이들을 이롭게 하는 의미를 완성했다는 것은 중생 모두를 구제하기 위한 다양하고 많은 조건을 구비했음을 의미합니다.

어떤 사람은 이러한 의구심을 일으킬 수 있습니다.

'우리들이 여전히 번뇌로 인해 괴로움을 겪고 있으니 붓다께서 남의 이로움을 완성한 게 아니지 않은가?'

여기서 말하는 남의 이로움을 완성한다라는 것은, 다른 이들을 위한 모든 일을 완성해서 더 이상 해야 할 일이 남아 있지 않은 상태를 말하는 것이 아닙니다.

---

36 장춥: བྱང་ཆུབ། 깨달음. Enlightenment.

다른 이들을 이롭게 할 수 있는 기회가 주어졌을 때 남의 이로움을 성취할 수 있는 모든 조건을 갖추고 있다는 의미이지, 결과적으로 모든 남의 이로움을 이루었다는 뜻이 아닙니다.

예를 들어서, 어떤 사람이 미국에 가기를 원한다고 했을 때, 누군가가 그 사람을 도와서 필요한 모든 서류를 준비하고 비행기표도 구입해 주어 언제든지 미국에 갈 수 있도록 완벽한 조건을 갖추었다고 합시다.

그러고 나서 그에게 "이제 미국에 가기만 하면 됩니다"라고 말했을 때, 만약 그 사람이 미국에 가기로 했던 마음이 바뀌어 미국에 가지 않는다면, 그를 미국으로 보내는 것은 불가능할 것입니다.

도움을 받아 미국에 갈 모든 준비가 돼 있어도, 자신이 변심하면 미국에 가지 못합니다. 조력자가 모든 조건을 갖추어 놓아도, 당사자가 미국에 가고자 하는 의지가 없다면 그를 미국에 보내기란 불가능한 것입니다.

이처럼 붓다께서는 우리가 윤회와 악도의 고통에 대한 두려움에서 벗어날 수 있도록 모든 조건을 갖추어 놓았습니다.

하지만 우리가 그 길을 가려는 의지를 일으키지 않았기 때문에 붓다께서 더 이상 할 수 있는 일이 없어 이와 같은 상태에 남아 있게 된 것입니다.

따라서 남의 이로움을 완성했다는 의미를 모든 이로움을 완성시켜서 더 이상 이롭게 할 일이 남아 있지 않은 상태로 이해해서는 안 됩니다. 마치 미국을 갈 수 있는 모든 조건을 갖추어 놓았어도 가고자 하는 의지가 없는 사람은 미국에 갈 수 없는 것과 마찬가지입니다.

샤꺄무니 붓다께서는 삼무량겁 동안 온갖 수고로움을 겪으면서 우리가 윤회에서 벗어날 수 있도록 모든 조건을 갖추어 놓았으나 중생 모두를 해탈에 이르게 하지는 못하였습니다.

그 이유는 붓다의 능력이 부족해서가 아닙니다. 우리가 가고자 하지 않았기 때문입니다.

우리가 불보의 공덕에 대해 사유할 때 자신의 이로움과 남의 이로움을 완성한 공덕에 대해서 생각할 수 있다면, 귀의심을 일으키는 데 큰 도움이 되리라 생각합니다.

(2) 법보의 공덕

그다음으로 법보(체꼰촉)의 공덕에 대해서 말씀드리겠습니다.

보통 법보에 대해서 말할 때 대부분의 사람은 경장이나 논장 등을 법보라고 여기는 경향이 있습니다. 이것은 잘못된 이해입니다.

법보라는 것은 사성제(네 가지 고귀한 진실) 중에서 멸제(소멸의 진실)와 도제(도·길의 진실)에 해당하는 두 가지 진리의 공덕을 말합니다.

멸제(소멸의 진실)라는 것은 자신의 마음에 있는 온갖 허물(녠빠)[37]을 제거한 상태를 의미합니다.

그리고 도제(도·길의 진실)라는 것은 자신의 마음에 있는 좋은 점(욘뗀)[38]을 증장시키는 것을 의미합니다.

핵심을 요약하자면, 성자(팍빠)[39]의 반열에 오른 이의 마음속에 존재하는 단증의 공덕을 법보라고 할 수 있습니다.

'단증의 공덕'이란 번뇌를 끊어 없애고(멸제) 깨달음을 얻는(도제) 공덕을 말합니다.

다시 설명한다면, 멸제(소멸의 진실)와 도제(도·길의 진

---

37 녠빠: ཉེས་པ། 허물. 단점. Faults.
38 욘뗀: ཡོན་ཏན། 덕성. 장점.
39 팍빠: འཕགས་པ། 성자.

실) 중 어느 하나에 포함되는, 성자의 마음속에 있는 공
덕을 법보라고 이해할 수 있습니다.

　법보의 공덕을 사유할 때 이와 같이 생각해야 합니다.

　삼보를 바르게 이해하는 것은 매우 중요합니다. 경장
이나 논장이 실제 법보일까요? 그렇지 않습니다. 이에 대
한 내용은 귀의의 실천에 관한 부분에서 다시 거론할 것
입니다.

(3) 승보의 공덕

　승보(게둔꼰촉)는 멸제(소멸의 진실)와 도제(도·길의 진
실)의 공덕을 마음에 지닌 성자를 말합니다. 승보는 반드
시 성자여야 합니다.

　'성자'(팍빠)라는 용어가 많이 등장하기 때문에 먼저 성
자가 무엇을 뜻하는지 설명드리겠습니다.

　보통, 도제(도·길의 진실)의 체계를 설명할 때 다섯 가
지 길(람응아)40를 언급합니다. 다섯 가지 길이라는 것은

---

40 람응아: ལམ་ལྔ། 오도. 다섯 가지 길. 수행자의 마음 발전 단계.
　① 촉람: ཚོགས་ལམ། 자량도. 쌓음의 길. The Path of Accumulation.
　② 졸람: སྦྱོར་ལམ། 가행도. 예비의 길. The Path of Preparation.

3. 귀의하는 방식

자량도(촉람), 가행도(졸람), 견도(통람), 수도(곰람), 무학도(밀롭람)입니다.

'성자'란, 이 다섯 가지 도 중에서 세 번째인 견도(통람) 이상의 도를 깨달아 얻은 분을 의미합니다.

견도 이상의 경지를 성취한 분을 승보라 하고, 승보가 마음에 지니고 있는 법(멸제와 도제)을 법보라 합니다.

지금까지 말씀드린 내용은 삼보의 공덕을 이해함으로써 귀의하는 방식에 대한 것입니다.

2) 삼보 각각의 차이를 이해하는 것

그다음으로 삼보의 차이에 대해 이해함으로써 귀의하는 방식에 대해 말씀드리겠습니다.

이 부분은 이해하기 어렵지 않습니다. 불보와 법보, 승보 각각에 어떠한 차이와 특징이 있는지를 이해함으로써 귀의심을 일으키는 것입니다.

---

③ 통람: མཐོང་ལམ། 견도. 보임의 길. The Path of Seeing.

④ 곰람: སྒོམ་ལམ། 수도. 명상함의 길. The Path of Meditation.

⑤ 밀롭람: མི་སློབ་ལམ། 무학도. 무학의 길. The Path of No-More Learning.

3) 삼보를 귀의처로 맹세하는 것

세 번째는 삼보를 귀의처로 받아들이겠다는 맹세를 함으로써 귀의심을 일으키는 것입니다.

이것은 앞서 귀의심에 대해 설명한 바와 같습니다.

귀의처로 받아들인다라는 것은 붓다를 교조라는 귀의처로서 받아들이는 것이고, 법을 실제 귀의처로서 받아들이는 것이며, 승보를 귀의의 조력자로 받아들임으로써 귀의하는 마음을 말합니다.

앞에서 많이 설명을 드렸기 때문에 이 정도로 이해하시면 될 것 같습니다.

4) 굳은 선언

불교의 귀의처인 삼보 이외에 다른 종교의 교조나 가르침 따위를 귀의처로 삼지 않겠다고 선언하는 것입니다.

이와 같은 내용은 불자로서 다른 종교를 적대시하는 편견을 가지고 하는 말이 아닙니다. 붓다께 귀의하면 자신이 희구하는 바가 그대로 다 이루어지기 때문에 다른 교조에게 굳이 의지할 필요가 없다는 의미에서 이와 같이 말하는 것입니다.

5) 귀의의 본질

귀의의 본질은 희구(레와)[41]하는 마음입니다. 희구하는 마음에는 다양한 차원이 있습니다. 예를 들면 환자는 병을 치료하기 위해 의사에게 희구하는 마음을 일으킬 것입니다. 제자라고 한다면 공부를 잘하기 위해서 스승께 희구하는 마음을 일으킬 것입니다. 이와 같이 희구하는 대상이 매우 다양하게 존재합니다.

하지만 삼귀의에서 귀의의 대상에게 희구한다고 하는 의미는 이러한 차원의 바람이 아닙니다.

귀의처에 희구한다는 것이 어떤 의미일까요?

앞서 말씀드린 귀의의 원인이 되는 두 가지 마음을 생각해야 합니다. 다음 생에 악도에 빠지는 괴로움에서 구제받기 위해서 희구함을 의미합니다.

바로 이러한 차원에서 귀의를 하는 것입니다. 업과 번뇌의 힘으로 윤회에 떠도는 것에서 구제받기 위해 희구하는 것입니다.

---

41 레와: ᠊ᠵᠵᠡᠨ 희구. 바라고 구함. Hope.

6) 가장 훌륭한 희구

희구 가운데 가장 훌륭한 희구는, 허공(남카)[42]과 같이 셀 수 없이 많은 중생 모두가 고통에서 벗어나기를 바라는 마음으로 희구하는 것입니다.

그래서 귀의의 본질이 희구라고 할 때, 이번 생만을 목표로 하는 것이 아니라 더 넓은 차원인 다음 생을 염두에 두고 있습니다.

다음 생에 악도에 떨어지지 않고 윤회의 생을 다시 받지 않기 위해서 혹은 중생 모두를 위해 붓다의 경지를 얻고자 희구하는 마음, 이것이 참된 귀의심이라고 할 수 있습니다.

우리는 보통 시험을 잘 보기 위해서 혹은 또 장사가 잘 되도록 하기 위해 세속 신에게 많은 기도를 하고 공양물을 올리지 않습니까? 이러한 것들은 일시적인 목적을 위해 희구하는 것입니다.

임시방편으로 세속 신에게 도움을 구하는 것이 잘못된 것은 아닙니다. 이는 일시적인 목적을 이루는 데는 도움이 됩니다.

---

42 남카: ནམ་མཁའ། 허공.

그렇지만 세속 신을 완성(구경)의 귀의처로 여기는 것은 바람직하지 않습니다.

[질의응답]

❖ 통역: 스님께서, 강의를 들으면서 조금 이해가 안 된다거나 의구심이 있으면 바로바로 질문을 하라고 하십니다. 이해가 안 되거나 이해가 되더라도 미심쩍다고 생각되면 바로 말씀해 주세요.

❖ 대중: 법보가 멸제와 도제 중 어느 하나를 지니고 있는 성자의 공덕이라고 하셨는데요. 그러면 보이지 않는 것인데, 무형의 것을 말씀하는 것입니까?

❖ 노르부: 질문이 너무 좋습니다. 우리가 일상에서 실천하는 수행 가운데 금계 조항인 불선(딕빠)43에 해당하는 행위를 경계하는 지계(출팀)44 수행이 있습니다.

---

43 딕빠: ཉེག་པ། 불선. 선하지 않음. 악.
44 출팀: ཚུལ་ཁྲིམས། 지계. 완전한 도덕. The Perfection of Discipline.

예를 들어, "살생을 하지 않겠다" 혹은 "화를 내지 않겠다"라는 다짐을 하고, 일상생활을 할 때 살생과 분노 등으로 인한 해악을 파악하여 이를 끊어 내는 능력은 우리 모두가 가지고 있습니다.

이러한 능력이 바로 법보의 씨앗에 해당한다고 할 수 있습니다.

이와 같은 마음의 힘을 조금씩 증장시켜 나가면 궁극에는 살생과 분노의 행을 완전히 제거할 수 있는 상태에 이를 수 있습니다. 이것이 실제 법보입니다. 보이지 않는 무형의 것입니다.

그래서 삼보 가운데 법보에 귀의하는 방식을 이해하는 것이 매우 중요합니다.

내가 도둑이라고 가정했을 때, '내가 앞으로는 도둑질을 하지 않겠다'라고 다짐한 뒤에 오늘부터 도둑질을 그만둔다면 도둑질을 끊는 행위가 바로 법보의 씨앗이라 할 수 있으며, 멸제(소멸의 진실)와 도제(도·길의 진실) 가운데 멸제에 해당됩니다.

법보를 실제 귀의처라고 하는 이유에 대해 이와 같은 방식으로 사유해야 합니다.

우리는 보통 도둑질을 악하고 저열한 행동으로 여깁니다. 만일 도둑이 도둑질을 그만둔다면, 도둑은 도둑질

3. 귀의하는 방식

을 하는 영역에서 점차 벗어나서 선한 영역으로 들어서게 됩니다. 즉, 도둑질로부터 자신을 구제하여 바른 사람의 영역으로 인도할 수 있습니다. 거짓말을 하는 사람이나 분쟁을 일으키는 사람 등도 마찬가지입니다.

매일 조금씩 자신의 부정한 행동을 줄여 나간다면 이것이 법보의 씨앗으로 자라나서 점차적으로 열매를 맺게 될 것입니다.

이와 같이 노력하게 되면 궁극적으로 거짓말과 갈등과 같은 악행을 완전히 제거하게 되고, 결코 거짓말을 하거나 다툼에 빠지지 않는 공덕을 성취하게 됩니다. 이것이 악행에서 스스로를 건져내어 선한 길로 나아가게 하는 구제입니다.

멸제(소멸의 진실)가 우리를 구제하는 길은 지금 이 순간부터 시작할 수 있습니다. 점차 악행을 줄여 나가다 보면 궁극에는 악행이 완전히 사라지는 경지에 도달할 수 있습니다.

여기까지가 멸제(소멸의 진실)가 우리를 구제하는 방식에 대한 설명입니다.

다음으로 도제(도·길의 진실)가 우리를 구제하는 방식

에 대해 말씀드리겠습니다.

도제(도·길의 진실)가 우리를 구제하는 방식은 바로 깨달음(증득)의 공덕 측면에서 설명할 수 있습니다. 깨달음의 공덕이란 우리의 지성을 함양하는 것을 의미합니다. 이것은 현실적인 사례를 통해 쉽게 이해할 수 있습니다.

예를 들면, 우리가 알지 못하는 것에 대해 공부한 뒤에는 그에 대한 지식이 확장되지 않습니까? 알지 못하던 것을 공부를 통해 알아내게 되면, 무지의 상태에서 자신을 건져 내어 깊은 학식의 상태로 구제한 것이라고 볼 수 있습니다.

한 걸음 더 나아가 더욱 높은 수준의 학식을 키워간다면 결국에는 모든 무지의 장애물을 뛰어넘어 알지 못하는 것이 전혀 없는 경지에 이르게 됩니다.

결국, 선(게와)[45]과 불선(딕빠)에 관한 체계와, 또한 지니고 버려야 할 도의 체계에 대해서 알지 못하는 것이 전혀 없는 완전한 통달의 경지에 도달하게 됩니다.

우리가 가지고 있는 허물(단점)들은 점차 줄여 나가고,

---

45 게와: དགེ་བ། 선.

동시에 공덕(장점)들을 키워 나가다 보면, 어느 순간 모든 허물이 사라지고 모든 공덕을 갖춘 순간을 마주하게 될 것입니다. 그때 붓다의 경지를 이루었다 할 수 있습니다.

모든 공덕을 빠짐없이 갖추고 단멸해야 할 바를 모두 끊어 없앤 상태, 그것이 붓다의 경지라고 할 수 있습니다.

해탈을 얻는다 함은 어떤 특별한 장소에 가야만 얻을 수 있는 것이 아닙니다. 바로 이 자리에서 우리가 지니고 있는 단점을 점차 제거해 나가고 장점과 공덕들을 조금씩 키워 나가고 발전시키는 과정을 통해서 해탈을 얻는 것입니다.

마치 샤꺄무니 붓다께서 인도 바라나시에서 모든 허물을 끊어 없애고 모든 공덕을 증득함으로써 붓다의 경지를 이루신 것과 같습니다.

아까 법보에 대해서 추가적인 설명을 했는데요. 혹시 더 궁금한 점이 있으신지요?

일반적으로 티베트에서도 법보(체꼰촉)라고 하면 보통 경장·율장(깐규르)과 논장(땐규르)[46]을 지칭하는 것으로

46 티베트 대장경에서 모든 불법 즉 붓다의 말씀을 내용적으로 나누면 율장과 논장과 경장 등 세 가지가 있다.

이해하는 불자들이 많습니다. 가장 중요한 핵심은 끊어 없애고 깨닫는 공덕을 법보로 이해해야 한다는 겁니다.

앞서 말씀드린 것처럼 단멸의 공덕과 깨달음의 공덕을 통해서 법보를 이해할 수 있습니다. 단멸의 공덕에 대한 이해를 바탕으로 멸제(소멸의 진실)를 알 수 있고, 깨달음의 공덕에 대한 이해를 바탕으로 도제(도·길의 진실)를 알 수 있습니다.

이러한 측면에서 우리가 실천하고 닦아 나가야 할 바를 이해를 할 수 있다면 큰 도움이 되리라 생각합니다.

❖ 대중: 멸제에 대해서 좀 더 설명해 주세요.

❖ 노르부: 우리가 지니고 있는 세 가지 문(고쑴)47의 허물을 모두 없애는 것, 멸제(소멸의 진실)라고 합니다.

멸제(소멸의 진실)를 얻기 위해서는 먼저 도제(도·길의 진실)를 얻어야 합니다.

깐규르: བཀའ་འགྱུར། 경장.율장. 경장은 혜학 즉 지혜를, 율장은 계학 즉 계율을 중심 내용으로 한다.

땐규르: བསྟན་འགྱུར། 논장의 중심 내용은 정학 즉 사마디이다.

47 고쑴: སྒོ་གསུམ། 세 가지 문. 몸, 말, 마음을 뜻한다. The Three-Doors.

3. 귀의하는 방식

우리가 수행을 할 때 몸, 말, 마음의 영역에서 지니고 있는 허물(단점)들을 점차 줄여 나가는 행위는 마치 도제(도·길의 진실)의 씨앗을 심는 것과 같습니다.

예를 들어 화를 내는 것은 세 가지 문 중에서 마음으로 짓는 허물이라고 볼 수 있습니다.

만약에 화를 잘 내는 사람이 있다고 했을 때, 분노로 인해 일어나는 허물과 해악을 파악하는 것이 중요합니다. 그리고 이러한 이해를 바탕으로 분노를 소멸시키기 위해 모든 노력을 다하게 됩니다.

이러한 과정에 대해 실제 멸제(소멸의 진실)를 얻은 것이라고 말하기는 어려울지 모르지만, 점차적으로 화가 완전히 사라지는 경지까지는 이룰 수 있습니다.

이렇게 노력하며, 궁극적으로 분노의 뿌리가 사라진 경지, 즉 분노가 완전히 없어진 상태에 이르게 됩니다. 이것을 멸제(소멸의 진실)라고 합니다. 이와 별개로 특별한 멸제(소멸의 진실)가 존재하는 것은 아닙니다.

분노가 없어졌다는 것은 분노를 일으키는 원인과 조건들이 갖춰져 있는 순간에도 분노가 일어나지 않는 상태를 의미합니다.

일시적으로 화가 일어나지 않는 정도만으로 분노를 모두 없앴다고 말하지 않습니다. 화가 일어날 만한 상황들이 발생하면 언제든지 화가 발생할 수 있기 때문입니다.

이와 같은 측면에서 멸제(소멸의 진실)를 이해할 수 있습니다.

따라서 분노나 탐착 따위의 다양한 번뇌가 더 이상 일어나지 않도록 제거해 나가는 과정에서, 번뇌로 인해 벌어지는 악업들도 점차적으로 줄어들게 됩니다. 이로써 악업의 결과로써 겪던 고통들 역시 더 이상은 우리를 괴롭히지 않는 상황이 됩니다.

이와 같은 측면에서 자기 자신이 스스로를 구제하는 방식에 대해 이해할 수 있습니다.

법보를 '실제 귀의처'라고 하는 것은, 스스로 법을 닦고 실천함으로써 모든 허물을 제거하고 공덕을 늘어나게 하기 때문입니다.

만약 우리가 스스로 법을 실천하지 않는다면, 마음으로 아무리 열망한다 할지라도 귀의처인 삼보께서 우리를 구제해 줄 수 있는 방법은 없습니다.

이와 같이 멸제(소멸의 진실)를 이해할 수 있습니다.

❖ **대중: 멸제의 단계에 대해서 설명해 주세요.**

❖ 노르부: 순서가 있습니다.

65

앞서 말씀드렸듯이 멸제(소멸의 진실)를 얻기 위해서는 반드시 도제(도·길의 진실)를 먼저 얻어야 합니다.

멸제(소멸의 진실)를 얻는 계위는 수도(곰람)에 해당합니다. 수도에서 '단멸해야 할 대상'(수소단)에는 아홉 가지가 있습니다. 수도의 단계에서 수소단 아홉 가지를 제거해야 하는 것입니다.

비유를 들어 설명을 드리자면, 수소단 즉 '수도의 단계에서 제거해야 할 번뇌'라는 것은 마치 양파와 같습니다.

저는 양파의 비유가 '수소단'이라는 단어가 낯선 이들에게 수도에서 단멸해야 할 대상의 소멸 방식을 설명하는 데 아주 적합한 예시라고 생각합니다. 양파의 겉껍질을 하나씩 벗겨 내다 보면 궁극에는 아무것도 남지 않지 않습니까?

이처럼 수소단에도 단계별로 탐(되착), 진(셰딩), 치(띠묵)의 삼독(둑쑴)[48] 각각에 아홉 가지가 있는 것입니다. 아홉 가지 번뇌에 순서대로 대치법(해독제)을 적용하여

---

48 둑쑴: དུག་གསུམ། 삼독. 세 가지 독.
   ① 되착: འདོད་ཆགས། 탐. 집착, 탐욕. Attachment.
   ② 셰딩: ཞེ་སྡང་། 진. 증오. Hatred.
   ③ 띠묵: གཏི་མུག 치. 잘못된 생각. Ignorance.

소멸시켜 나감으로써 아홉 가지 멸제(소멸의 진실)를 순서대로 깨달아 얻는 것입니다.

수도(곰람)는 세 가지 단계인 소품, 중품, 대품으로 구분됩니다. 그리고 각각의 품은 다시 소품, 중품, 대품으로 구분됩니다. 즉, 소품은 다시 소소품, 소중품, 소대품 셋으로 구분되고, 중품도 중소품, 중중품, 중대품으로 구분되며, 대품도 대소품, 대중품, 대대품으로 구분됩니다.

따라서 수도는 총 아홉 가지이며 소품을 가장 먼저 깨달아 얻습니다.

수도(곰람)의 소품, 중품, 대품 각각에서 해독(대치)해야 할 번뇌인 수소단은 대품, 중품, 소품의 순서로 짝을 이룹니다.

처음에 미약한 힘을 지닌 멸제(소멸의 진실)가 다루기 쉬운 거친 차원의 대대품의 수소단을 해독한다고 볼 수 있습니다.

이러한 순서로 차례대로 해독해 나가면 마지막에는 대품의 수도가 가장 미세한 소소품의 수소단을 해독하게 되는 것입니다.

처음에 유약한 멸제(소멸의 진실)가 거친 차원의 수소단을 해독하는 것은 마치 양파의 첫 번째 껍질을 벗겨 내

67

는 과정과 유사하다고 볼 수 있습니다.

거친 번뇌를 제거한 뒤에는 이보다 미세한 중간 수준의 번뇌가 드러나게 되어 차례로 이를 해독하게 됩니다. 마치 양파의 겉껍질을 벗겨 낸 뒤 드러난 속껍질을 벗겨내는 과정과 같습니다.

이와 같은 순서로 멸제(소멸의 진실)가 수도(곰람)에서 끊어 없애야 할 대상을 해독하는 것입니다.

또 다른 비유를 들자면, 번뇌를 제거하는 방식은 옷을 세탁하는 과정과 비슷합니다.

우리가 옷을 빨 때, 먼저 겉면에 보이는 더러운 부분에 세제를 묻혀 애벌빨래를 하고 난 뒤에 세탁을 하지 않습니까?

가장 더러운 부분을 먼저 깨끗하게 하고, 그다음으로 제거하기 쉬운 더러운 부분을 제거하며, 마지막으로는 눈에 잘 보이지 않는 더러운 부분을 지웁니다.

수도(곰람)에서 번뇌를 제거하는 과정도 이와 비슷합니다.

우리 생각으로는 큰 번뇌는 제거하기 어려울 것 같고 작은 번뇌가 오히려 쉽게 제거될 것으로 여겨질 수 있지만, 실제로는 그렇지 않습니다.

지금 말씀드린 양파 껍질을 벗기는 과정이나 옷을 세탁하는 과정과 비슷한 과정으로 번뇌를 제거합니다.

큰 번뇌가 왜 더 제거하기 쉬울까요?

이에 대한 답을 할 수 있어야 합니다.

예를 들어서 나에게 불같은 화가 일어난다면 스스로 화가 났다는 것을 인식하기가 쉽습니다. 불같이 일어나는 화로 인해서 악한 말을 하거나 누군가를 때리게 되면, 그러한 행위에 대한 후회와 부끄러움이 찾아올 가능성이 큽니다.

화로 인한 허물을 스스로 파악하기란 비교적 쉽습니다. 번뇌를 인지하기 쉬울수록 번뇌를 해독하는 방식도 쉬워집니다.

만약 탐(집착·탐욕), 진(증오), 치(잘못된 생각)의 번뇌가 매우 미세한 수준으로 발생한다면, 그것이 실제로 생겨났다 해도 번뇌의 존재를 확인하기 어려울 것입니다.

번뇌가 있다는 것을 알지 못하면 이 번뇌가 얼마나 해로운지는 더욱 알 수가 없을 것입니다. 그리고 번뇌가 얼마나 해로운지를 모른다면 그것을 없애야 한다는 생각은 더욱더 일어나지 않을 것입니다.

수도(곰람)의 아홉 가지 과정 중 마지막 단계에서 가장 미세한 수소단의 번뇌를 제거하게 되면, 붓다의 경지에

69

이르게 됩니다.

만약 성문의 수도(곰람)에서 아홉 번째 멸제(소멸의 진실)를 얻는다면, 그는 성문(녠퇴)[49]의 아라하뜨(다쫌빠)[50]가 될 것이고, 독각(랑걀)[51]의 수도(곰람)에서 아홉 번째 멸제(소멸의 진실)를 얻으면 독각의 아라하뜨가 될 것입니다.

또한 대승의 수도에서 아홉 번째 멸제(소멸의 진실)를 얻는다면, 그는 대승(텍빠첸뽀)[52]의 아라하뜨가 되어 붓다의 과위를 얻게 될 것입니다.

혹시 더 궁금하신 게 있나요?

❖ 대중: 멸제는 공덕입니까?

❖ 노르부: 네. 공덕입니다.

공덕이라는 것은 선한 특징이나 선한 성품, 덕성 등을 의미한다고 보면 됩니다.

---

49 녠퇴: ཉན་ཐོས། 붓다의 음성을 들은 이.
50 다쫌빠: དགྲ་བཅོམ་པ། 아라한. 아라하뜨. 번뇌인 적을 물리친 이.
51 랑걀: རང་རྒྱལ། 연각. 독각. 홀로 깨달은 이.
52 텍빠첸뽀: ཐེག་པ་ཆེན་པོ། 대승. 큰수레.

공덕에는 단멸의 공덕과 증득의 공덕 두 가지가 있습니다. 이에 관한 내용을 더 심도 있게 살펴보고 싶으면, 미륵 논사께서 저술한 오부 논서 가운데 『보성론』에 자세히 설명되어 있습니다. 『보성론』에는 삼보 각각에 대한 정의와 특징, 공덕 등이 자세하게 쓰여 있습니다.

지금까지 귀의하는 방식에 대해 설명드렸습니다.

4. 삼보께서 우리를 구제하는 방식

네 번째로, 삼보(꼰촉쑴)께서 우리를 구제하는 방식에 대해 말씀드리겠습니다.

삼보를 귀의처로 삼는 마음을 가질 때 삼보께서 우리를 어떻게 구제하는 것일까요? 이 개념을 이해하는 것이 가장 중요한 핵심입니다.

앞서 말씀드렸듯이 보통 귀의의 원인인 두 가지의 마음을 핵심 내용으로 여길 뿐 아니라, 삼보께서 우리를 구제하는 방식에 관한 것도 중요한 내용으로 설명합니다.

1) 대규모 관정 법회의 교훈

티베트 사람들은 관정(왕)[53]을 받는다고 하면 붓다께서 우리를 바로 구제하는 것같이 여기는 경향이 있습니다. 한국이나 다른 나라도 마찬가지일 것이라 생각합니다. 하지만 그런 식으로 구제받기는 쉽지 않은 일입니다.

높은 수준의 수행자인 경우에는 관정을 받는 것으로써 구제받는 것이 가능한 일일지 모르나, 우리와 같은 초심자가 그렇게 되기는 매우 어렵습니다.

불교에 대한 깊은 이해가 없는 일반인들 사이에서는 관정을 받으면 당장에 구원받을 수 있다는 생각이 널리 퍼져 있는 것 같습니다.

예를 들어서, 걜와 린뽀체(달라이 라마)[54]께서 『입보리행론』[55]과 같은 불교 논서와 관련된 법회를 열 때 참석하

---

53 왕: དབང་། 밀교 수행을 하는 데 적절한 마음 상태가 생기게 하는 방법인 의식. 다른 말로 하면 수행자들에게 밀교 수행에 참여할 수 있는 권한을 부여하는 과정이나 의식.

54 걜와 린뽀체: རྒྱལ་བ་རིན་པོ་ཆེ། 티베트에서는 달라이 라마 존자를 걜와 린뽀체(보배로운, 살아 있는 붓다)라고 부른다. 달라이 라마는 몽골어로 '큰 바다 스승'이라는 뜻이다.

55 『입보리행론』: བྱང་ཆུབ་སེམས་དཔའི་སྤྱོད་པ་ལ་འཇུག་པ། 장춥쎔빼쬐빨라죽빠. 샨띠데와(적천보살)의 논서. 샨띠데와는 8세기 인도 날란

는 대중들을 보면 대부분이 스님입니다. 일반인은 많이 참석하지 않습니다.

반면에 칼라차크라(뒤코르)[56]와 같은 관정 법회를 열 때는 스님보다 수십, 수백 배 많은 수의 일반인이 참석합니다. 갤와 린뽀체(달라이 라마)께서 칼라차크라 관정을 주신 횟수가 지금까지 약 30여 회를 넘습니다.

갤와 린뽀체께서 늘 하는 말씀이 있습니다.

"내가 칼라차크라 관정 법회를 여는 주된 목적은 관정 자체에 있다기보다 관정을 받기 이전에 선행해야 하는 예비 수행을 더 중요하게 여기는 데 있습니다."

그렇다면 갤와 린뽀체께서 예비 수행을 중요하게 여긴다고 말씀하면서 칼라차크라 관정을 수십 차례 준 이유가 무엇일까요?

대규모 관정 법회가 열리면 많은 사람이 관정을 받기 위해 모입니다. 많은 사람이 모이면 법을 듣고 닦을 기회가 더 많아지기 때문에, 그러한 이유로 관정 법회를 수십 차례 연 것입니다.

다대학의 불교 대학자, 시인, 위대한 수행자이자 중관학파의 위대한 스승이다.

56 뒤코르: དུས་འཁོར། 칼라차크라(Kalachakra).

4. 삼보께서 우리를 구제하는 방식

이러한 이야기를 통해 우리가 얻을 수 있는 교훈은 무엇일까요?

『입보리행론』에서 언급한 바와 같이 불(상계꼰촉), 법(최꼰촉), 승(게둔꼰촉)의 삼보(꼰촉숨)께서 우리를 구제한다는 것은 붓다의 가르침을 듣고 배우며 그 가르침을 실천하는 데 달려 있다는 것입니다.

2) 붓다께서 우리를 구제하는 방식

그러면 붓다께서는 우리를 어떻게 구제하는 것일까요?

붓다께서 직접 팔을 뻗어 우리 손을 잡거나 혹은 우리에게 가피를 주어 구제하는 것이 아닙니다.

경전에서는 이와 같이 말씀하고 있습니다.

> "붓다께서는 물로 우리의 죄를 씻어주지 못하고,
> 손으로 중생의 괴로움을 없앨 수도 없으며,
> 당신의 깨달음을 우리 마음에 옮길 수도 없으시다네.
> 실체에 대한 진리를 가르치는 것으로
> 중생을 해탈시키신다네."

첫 번째 구절인 "붓다께서는 물로 우리의 죄를 씻어주지 못하고"라는 부분은, 붓다께서 우리를 구제하는 방식이 마치 옷을 빨거나 몸을 씻기듯 직접적으로 우리 악업을 정화시켜 주시지 못함을 의미합니다.

"손으로 중생의 괴로움을 없앨 수도 없으며"라는 구절 은 업과 번뇌의 힘으로 받은 이 유루(번뇌로 인해 오염된) 의 온(풍뽀)[57], 즉 유위의 고통을 손으로 쓸어 내거나 가 져가는 방식으로는 제거하지 못함을 의미합니다.

여기서 말하는 중생의 괴로움이란 주로 유위의 고통을 말합니다.

"당신의 깨달음을 우리 마음에 옮길 수도 없으시다네"라 는 세 번째 구절은 붓다께서 마음속에 지닌 일체지의 공 덕을 마치 우리에게 보시하듯 건네줄 수 없음을 설명하 고 있습니다.

그렇다면 이러한 의구심도 일어날 수 있을 것입니다.

'우리가 붓다께 귀의하는 것에 어떤 이득이 있고 또한 붓다로부터 어떤 도움을 받을 수 있다는 말인가?'

어떻게 생각해야 할까요? 우리가 붓다께 귀의를 함으 로써 희구하는 마음을 내는 것은 우리를 구제해 주는 분

---

57 풍뽀: ཕུང་པོ། 온. '무더기'라는 뜻. 인간의 육신과 정신의 다섯 가지 요소'를 오온(다섯 무더기)라 한다.

4. 삼보께서 우리를 구제하는 방식

이 붓다이기 때문입니다.

마지막 네 번째 구절을 통해 붓다께서 우리를 구제하는 방식을 이해할 수 있습니다.

> "실체에 대한 진리를 가르치는 것으로
> 중생을 해탈시키신다네."

붓다께서 우리를 구제하는 방식은 진리를 가르치는 것으로 이루어지며, 이것 이외에 다른 방법은 결코 존재하지 않습니다.

지속적으로 악한 행위를 하여 악업만 짓는 이는 설령 시방세계의 모든 붓다께서 그 사람 주위를 에워싸고 계신다 하더라도 그 사람을 구제할 수 없습니다.

그 사람은 자신이 지은 악업의 과보로 다음 생에 악도에 떨어지게 되며, 그 사람을 건져 낼 방도는 없습니다. 아무리 도움을 주려고 손을 내밀어도 그 사람을 악업의 과보에서 구출할 수는 없습니다.

3) 우리는 무엇을 위해 붓다께 귀의하는가

그러면 붓다께서는 우리를 어떻게 구제하는 것일까요? 우리는 무엇을 위해서 붓다께 귀의하는 것일까요?

우리가 삼보를 향해 귀의심을 일으키고 기원하는 마음을 내는 것은 윤회와 악도의 고통에서 벗어나기 위해서, 즉 해탈하기 위해서입니다.

붓다께서는 윤회와 악도의 괴로움에서 벗어나는 길인 진실된 도의 체계를 올바르고 명확하게 말씀하셨습니다. 우리는 당신께서 명확하게 밝혀 놓은 길을 가야 합니다.

4) 악도에 빠지지 않는 요건

그렇다면 악도에 빠지지 않으려면 어떻게 해야 할까요?

악도에 빠지지 않는 요건은 바로 계율을 지키는 것입니다.

붓다께서는 계율에 관한 가르침을 전하셨습니다. 만약에 우리가 붓다의 말씀 그대로 계율을 올바르게 지니고 실천해 나간다면 다음 생에 지옥, 축생, 아귀 등 어떤 악도에도 결코 빠지지 않을 것이며, 이러한 사실은 일말의 의심조차 할 수 없습니다.

출가자는 별해탈계(쏘쏘르타르빠)[58]를 받아서 지녀야 합니다. 출가자가 아니라면 일반인들(재가대중)이 지녀야

---

58 쏘쏘르타르빠: སོ་སོར་ཐར་པ། 별해탈계. 본인을 해탈하게 하는 윤리·계율.

할 재가계가 있습니다.

여러분은 계를 받으셨습니까? 불살생 등의 다섯 가지 계율(게녠돔빠)59를 받으셨나요?

(재가자들: 재가계를 받았습니다.
: 보살계를 받았습니다.)

보살계를 받으셨다니 훌륭합니다. 예를 들어서, 재가계를 받고 다섯 가지 계율을 잘 받아 지닌다면 계율을 지킨 과보로 다음 생에 악도에 떨어지지 않게 됩니다.

붓다께서는 선도에 나는 유일한 원인은 계를 잘 받아 지니는 것이라고 분명하게 말씀하셨으며, 인도의 모든 대논사들과 성자들께서도 공통적으로 말씀하셨습니다.

붓다께서 말씀한 그대로 우리가 바르게 실천한다면 윤회의 고통에서 벗어나게 될 뿐만 아니라 악도의 고통에

---

59 게녠돔빠: དགེ་བསྙེན་སྡོམ་པ། 오계. 다섯 가지 계율.

① 살아 있는 것을 죽이지 않는 것.
② 남의 것을 훔치지 않는 것.
③ 성적 비행을 저지르지 않는 것.
④ 남에게 거짓말을 하지 않는 것.
⑤ 술을 마시지 않는 것.

서도 벗어날 수 있습니다.

이와 같은 방식으로 우리를 고통에서 벗어나게 하는 것, 이것이 바로 붓다께서 우리를 구제하는 방식입니다.

5) 사형수의 예

예를 들어, 당장 내일 사형이 집행되는 사형수가 있다면, 그는 죽음을 피하기 위해서 감옥에서 벗어나려고 할 것입니다.

그때 교도소 문을 지키는 교도관이 사형수를 돕기 위해 감옥의 지도를 보여 주면서 "네가 이쪽으로 가면 도망갈 수 있을 것이고, 저쪽으로 간다면 도망갈 수 없을 것이니, 반드시 이 길을 통해서 가라" 하고 벗어날 수 있는 길을 가르쳐 줍니다.

이때, 사형수가 교도관이 일러 준 길을 그대로 따라 간다면 감옥에서 탈출할 수 있을 것입니다.

그리고 감옥에서 벗어난 다음에는 자신에게 길을 알려 준 교도관에 대해 '아! 내 생명을 구해 준 은인이구나' 하고 생각할 것입니다. 교도관은 사형수의 생명을 구제해 준 것입니다.

생명을 구해 준 방식은 다른 것이 아닙니다. 바른 길을 보여 주었을 뿐입니다.

만약 사형수가 교도관이 가지 말라는 길로 갔다면 감옥에서 벗어나지 못했을 것이고, 결국 사형이 집행되어 목숨을 잃게 되었을 가능성이 컸을 것입니다.

이와 같은 예처럼 붓다께서는 우리에게 가야 할 길을 보여 주셨습니다.

그리고 당신의 말씀에 따라 그대로 길을 가면 다음 생에 천신이나 인간 등의 선도에 나게 될 것이고, 가지 말라고 한 길을 간다면 악도에 태어나게 될 것이라고 말씀하셨습니다.

붓다께서 가지 말라고 한 길은 바로 불선을 행하지 않는 길입니다. 불선의 업을 짓지 않고 선업을 쌓는다면 선업의 과보로 윤회와 악도의 고통에서 벗어나게 되는 것입니다.

우리는 이와 같은 내용을 분명하게 인지하고 있어야 합니다.

6) 부자의 조언

붓다께서 우리를 구제하는 방식을 정확하게 이해하는 것이 중요합니다.

이렇게 이해함으로써, 붓다께 귀의를 하고 기도할 때

원하는 결과가 나오지 않을 때에도 '붓다께서 나를 구제해 주시지 않는구나!'라는 생각으로 인해 붓다에 대한 믿음이나 귀의심이 퇴보하지 않을 것입니다.

우리 중에는 붓다께 기도를 올려도 어려운 상황을 겪게 되면 '귀의라는 것이 별 소용이 없구나'라는 생각을 일으켜 붓다에 대한 신심을 잃고 마음이 피곤해지는 경우가 있습니다.

기원을 하는 것만으론 원하는 결과를 얻을 수 없습니다. 붓다께서 말씀한 가르침을 그대로 실천했을 때 원하는 결과를 얻을 수 있는 것입니다.

예를 들어서 쉽게 설명을 드리자면, 매우 궁핍한 사람이 경제적인 풍족함을 얻고자 돈 많은 부자에게 가서 어떻게 해야 돈을 벌 수 있는지 묻는다면, 부자는 돈을 벌 수 있는 방법을 설명해 줄 것입니다.

"당신이 돈을 벌고 싶다면 이렇게 하십시오. 당신에겐 자본금이 이 정도 있고 이렇게 한다면 이익은 이 정도 있을 것입니다"라고 조언을 해 줄 것입니다.

궁핍한 사람이 부를 쌓으려면 부자가 해 준 조언을 그대로 실천해야만 가능합니다. 그렇게 하지 않고서 부자가 되는 방법은 없을 것입니다.

4. 삼보께서 우리를 구제하는 방식

7) 악도에서 벗어나는 핵심

『법구경』에 다음과 같은 구절이 있습니다.

"윤회의 아픔을 제거하는 길을
내가 너희들에게 보이노니
여래께서 보여 주신 바를 너희들은 행해야 한다."

　붓다께서는 윤회의 괴로움에서 벗어나는 길을 가르쳐 주셨으며, 우리를 구제하는 붓다의 행적이란 바로 '가르침을 주시는 것'뿐입니다. 우리는 붓다께서 알려 주신 길을 취하고 버리는 체계에 따라 스스로 닦고 정진해야만 합니다. 이것이 위 게송(칙제)[60]이 의미하는 내용입니다.
　이어서 다음과 같은 구절이 있습니다.

"견해를 청정하게 하리니
이 길 이외에 다른 것은 없기에
사마디에 온전히 머물러
마구니(뒈)[61]의 속박을 끊어라."

---

60 칙제: ཚིགས་བཅད། 게송. Verse. Gatha.

61 뒈: བདུད། 마구니. Demon.

앞서 말씀드렸듯이 악도에서 벗어나는 핵심은 계율을 지키는 데 달려 있습니다. 윤회의 고통에서 벗어나게 하는 것은 출리심을 바탕으로 '청정한 무아/공성의 견해를 마음에 일깨우는 것'입니다.

8) 공성을 통찰하는 바른 견해를 얻기 위한 방법

공성을 통찰하는 바른 견해를 얻기 위해서는 샤마타(시네)[62]와 위빠사나(학통)[63]를 바탕으로 하는 사마디(띵에진)[64]를 닦음으로써 마구니의 속박을 제거해야 합니다.

여기서 마구니라는 것은 해를 가하는 대상을 통칭하는 것으로 이해할 수 있습니다.

9) 마구니 네 가지

마구니(뒈)에는 네 가지 종류가 있습니다.

---

[62] 시네: ཞི་གནས། 샤마타. 지. 마음이 흩어지지 않고 내면에 머물다라는 뜻이다.

[63] 학통: ལྷག་མཐོང་། 위빠사나. 관. 내면의 관찰.

[64] 사마디: 띵에진: ཏིང་རེ་འཛིན། 사마디. 삼매. 마음이 산만함 없이 선한 대상에 머무는 것.

4. 삼보께서 우리를 구제하는 방식

첫째는 번뇌 마구니
둘째는 죽음 마구니
셋째는 '하늘의 아들'이라는 의미인 천자 마구니
넷째는 온(蘊) 마구니

첫 번째, '번뇌 마구니'라는 것은 우리 마음속에 존재하는 근본 번뇌를 비롯한 '세 가지 독'(독쏨) 따위의 모든 번뇌를 말합니다.

두 번째, '죽음 마구니'는 중생이 업과 번뇌의 힘에 의해서 좌지우지되어 살아갈 뿐 목숨에 대해서는 어떠한 권한도 없이 결국 죽음을 맞이할 수밖에 없는 현실을 말합니다.

세 번째, '천자 마구니'라는 것은 수행자가 바른 법을 실천하고 닦을 때 수행을 방해하고 장애를 일으키는 천신입니다. 이 천신의 이름을 '가라왕축'이라고 하는데, 이를 가리켜 '천자 마구니'라고 합니다.

네 번째, '온(蘊) 마구니'는 업과 번뇌의 힘으로 생겨난 유루의 온을 말합니다.

위의 경구가 설명하는 바는 해탈을 이루기 위해서는 스스로 샤마타와 위빠사나의 사마디를 닦아야 한다는 것입니다.

10) 내가 나의 구제자이네

이 외에 바수반두(세친*직녠)[65] 논사의 『아비다르마 구사론』[66]에도

> **"윤회의 늪에서 벗어나도록 이끄는 것,**
> **이것을 여실히 보이셨네."**

라는 구절이 있습니다.

우리가 윤회의 늪에서 벗어나도록 붓다께서 어떻게 이끌어 주는 것일까요?

법을 여실히 보여 줌으로써 우리를 해탈로 이끌어 주십니다. 법을 여실히 보인다는 함은 실상과 어긋나지 않은 바른 길을 우리에게 알려 주심으로써 윤회에서 벗어나게 하는 것입니다.

---

65 바수반두(세친*직녠): དབྱིག་གཉེན། 세친 보살. 고대 인도 날란다대학의 위대한 학자. 아비다르마 전문가.

66 『아비다르마구사론』: ཆོས་མངོན་པ་མཛོད། 아비다르마꼬샤. 불법 연구의 창고라는 뜻. 바수반두 논사가 간다라(Gandhara)에서 '외워서 드러낸' 600여 개의 칙제를 번역한 경전. 불교 철학, 우주관, 윤리적, 교의를 폭넓고 해박하게 다루고 있으며 교학체계를 배우는 데 반드시 이해해야 할 논서로 꼽힌다.

4. 삼보께서 우리를 구제하는 방식

『법구경』에도 붓다께서 우리를 구제하는 방식이 명시
되어 있습니다.

"내가 나의 보호자이네.
다른 누가 나를 보호할 수 있을 것인가?
내가 나의 보호자이기에
슬픔으로 괴롭지 않을 것이네.

내가 나의 보호자이네.
다른 누가 나를 보호할 수 있을 것인가?
내가 나의 보호자이기에
일체 구속을 끊을 것이네.

내가 나의 보호자이네.
다른 누가 나의 보호자가 될 수 있겠는가?
내가 나의 보호자이기에
일체의 악도를 제거하게 할 수 있다네.

내가 나의 보호자이네.
다른 누가 나의 보호자가 될 수 있겠는가?
내가 나의 보호자이기에

일체의 고통에서 완전히 벗어나게 된다네."

나의 보호자가 누구인지 그 근원을 거슬러 올라가면서
깊이 탐구해 보면, 나를 보호하고 구원하는 주체가 나 자
신임을 깨닫게 됩니다.

자신이 바른 행을 하지 않고 항상 불선업만 짓는 사람
은 어느 누구에게도 구제받기가 어려울 것입니다. 심지
어 붓다나 불보살께서 그와 가까이 있어도 그를 구제할
수 없을 것입니다.

"내가 나의 보호자이네"라는 구절은 일반적인 관점에
서도 사실임을 알 수 있습니다.

예를 들어서 화가 많고 다툼을 좋아하는 성품을 가진
사람은 자신과 함께 길을 갈 동반자를 찾기가 어려울 것
입니다.

언젠가 그 사람이 '화는 좋지 않은 것이구나. 시비를 거
는 것은 다른 이에게 피해를 주고 내 마음도 불편하게 하
는구나'라는 깨달음을 얻고 화냄과 시비를 제거한다면,
마침내 사람들은 그에 대한 평가를 바꿀 것입니다.

"예전에 화를 자주 내던 사람이 지금은 변화해서 좋아
진 것 같아. 매우 괜찮은 사람이네. 이제 이 사람과 함께

길을 가면 즐거울 것 같아"라고 이야기할 것입니다.

이것은 과거의 분노가 지배적이던 상태에서 스스로를 선한 상태로 변화시켜 구제한 결과라고 볼 수 있습니다.

이와 같이 우리가 무엇을 하든 단점을 점차적으로 개선해 나가면 성품은 자연스럽게 선한 방향으로 발전할 것입니다.

만약 학생이라면, 노력을 통해 자기 자신을 무지한 상태에서 발전시킴으로써 스스로를 구제한 것이라고 볼 수 있습니다. 공부를 통해서 무지함을 극복하고 지식을 쌓아 박식한 영역으로 자신을 구제한 것입니다.

만약 가난한 사람이 열심히 노력하여 부를 얻게 된다면, 이는 자기 구제의 결과로서 가난함에서 벗어나 부유함에 도달한 것이라고 볼 수 있습니다.

이처럼 현실에서 다양한 구제 방식을 넓은 시각으로 사유한다면, 자신을 구제하는 방식에 대한 이해를 확장시킬 수 있을 것입니다.

선행을 실천하고 마음을 올바르게 가꾸며, 타인을 돕는 데 인색하지 않는 등 사회에 기여하는 행위들을 키워 나간다면, 다음 생에는 선업의 과보로 행복과 안락을 누리는 삶을 살게 될 것입니다.

11) 빨댄 닥빠 큰스님의 교훈

어제, 스승이신 빨댄 닥빠 큰스님과 전화로 말씀을 나누었습니다. 그때 큰스님께 고맙다는 말씀을 드리면서, 오늘 삼귀의에 대한 법회를 열 수 있었던 것은 오로지 스승님의 은혜에 덕분이라고 말씀을 드렸습니다.

스승께서 그 말을 듣고는 "오로지 나의 은혜 덕분이라고 말을 하는 것은 옳지 않다"라고 하셨습니다.

"'오로지' 나의 은혜 덕분이라고 말해서는 안 된다. 내가 전한 붓다의 가르침을 네가 스스로 공부하였고, 여러분이 들었다. 네가 자신의 지성을 발휘하여 지혜를 일깨움으로써 이 모든 인연이 가능해진 것이다. 나 혼자서는 이렇게 할 수 있는 능력이 없다. 만약 나 혼자만의 힘으로 너와 같은 능력을 부여할 수 있었다면 나는 나의 시자를 가장 먼저 지혜롭게 만들었을 것이다"라고 말씀하셨습니다.

(통역: 빨댄 닥빠 큰스님께 시자가 있는데, 그분이 좀 덤벙거리는 성격입니다.)

이 말씀이 의미하는 바가 무엇일까요?

단지 법을 설하는 것만으로는 충분하지 않다는 것입니다. 설법을 듣는 사람이 그 가르침을 실천하고 성장하며 향상되는 것입니다. 단지 설법자의 행위만으로 성장이

가능한 것이라면 덤벙거리는 시자도 그와 같은 방식으로 똑똑하게 만들 수 있어야 할 것입니다.

만약 붓다께서 이 자리에 오셔서 우리를 구제한다 하더라도, 하실 수 있는 행은 우리가 어떻게 수행을 해야 하고 어떤 행동은 피해야 하는지에 대해 지침을 일러 주실 수 있을 뿐입니다.

이것 이외에 다른 방법으로 우리를 구제하는 것이 아닙니다.

[차담 중 질의응답]

❖ 노르부: '귀의'라는 단어를 티베트어로 '꺕도'라고 합니다. '꺕'은 '구제하다'라는 의미이고 '도'는 '가다'라는 의미입니다. '구제해서 가는 것'이라고 직역할 수 있겠습니다.

'귀의'를 제대로 이해하게 되면 붓다의 가르침이 얼마나 중요한지를, 그리고 그 가르침을 내가 실천하고 닦아 나가는 것이 얼마나 중요한지를 가슴으로 이해할 수 있게 됩니다.

붓다의 가르침을 배우고 닦아 나가는 과정에서 귀의심

은 매우 중요한 역할을 합니다. 그렇기 때문에 '귀의'가 매우 중요한 가르침으로 여겨지는 것입니다.

❖ **대중: 치매에 걸리는 것에 대해 한 말씀 부탁드립니다.**

❖ **노르부:** 티베트에서는 '치매'라는 용어 자체가 없습니다. 치매라는 병과 치매에 걸린 환자에 대해 들어본 적이 없습니다.

현대 사회는 경쟁이 치열하고 물질적인 측면에서 모든 것이 풍족하며 선택의 다양성이 극대화되어 있습니다. 이와 함께 우리의 의식도 복잡하고 다양해지고 있지요.

이로 인해 시기와 질투, 기대와 의심 등 부정적인 감정을 일으키는 구조도 이전과 다르게 세밀하고 복잡한 형태로 발전하는 것 같습니다. 이러한 변화로 인해 더욱 악한 마음들이 생길 가능성이 증가하는 것처럼 보입니다.

예전에 코로나 바이러스가 확산됐을 때 중국에서 이러한 일이 있었다고 합니다. 바이러스에 감염된 것을 억울하게 여기는 사람들이 많은 이가 왕래하는 문에 자신의 침을 묻혀 닦거나 만지면서 병을 전파하려는 시도를 한 것입니다.

나만을 중요하게 여기는 자기 중심적인 사고가 모든

문제의 근원인 것 같습니다. 그래서 붓다의 말씀 가운데 무아(닥메)[67]와 공(똥빠니)[68]의 가르침이 얼마나 중요하고 소중한지를 이와 같은 사례를 통해 깨닫게 됩니다.

산띠데와의 『입보살행론』에 다음과 같은 구절이 있습니다.

"세상의 모든 행복은
이타심(랑데되빠)[69]으로부터 생기고
세상의 모든 불행은
이기심(셴데되빠)[70]으로부터 생긴다."

아침에 눈을 뜬 순간부터 저녁에 잠이 드는 순간까지 우리 머릿속에는 온통 '나'에 집중되어 있습니다. 모든 생각과 행동이 '나'를 중심으로 돌아갑니다.

우리가 마주하는 문제들도 이러한 '나' 중심적인 사고

---

67 닥메: བདག་མེད། 무아. Selflessness.
68 똥빠니: སྟོང་པ་ཉིད། 공성. Emptiness. 공성은 똥빠니, 데코나니(དེ་ཁོ་ན་ ཉིད།) 등 여러 가지 이름이 있고 학파마다 해석이 조금씩 다르다.
69 랑데되빠: རང་བདེ་འདོད་པ། 이타심.
70 셴데되빠: གཞན་བདེ་འདོད་པ། 이기심.

에서 비롯됩니다. 자기 중심적인 사고방식은 편협한 시야와 생각으로 자기 자신을 힘들게 합니다. 이러한 사고는 스스로를 억제하고 불편함을 초래합니다.

앞서, 수도(곰람)에 아홉 가지 수소단(수도에서 단멸해야 할 대상)이 있다고 말씀드렸습니다.

수소단은 수도에서 제거해야 하는 아집(닥진)[71]의 번뇌입니다. 무시 이래로 우리가 갖고 태어난 아집, 즉 타고난 아집(구생아집)을 말합니다. 이것을 궁극적으로 제거하는 것이 수도(곰람)입니다.

❖ **대중: 미세한 번뇌를 없애는 방법은 무엇입니까?**

❖ **노르부:** 미세한 아집은 오로지 공성의 지혜로만 해결될 수 있습니다. 대치법(해독제)은 오직 공성의 지혜뿐

---

71 닥진: བདག་འཛིན། 아집. 아집에는 두 가지가 있다.
① 강삭기닥진: གང་ཟག་གི་བདག་འཛིན། 인아집. 내가 실제로 존재한다고 인식하는 집착.
② 최끼닥진: ཆོས་ཀྱི་བདག་འཛིན། 법아집. 현상이 실제로 존재한다고 인식하는 집착.

입니다. 공성을 깨닫는 통찰만이 미세한 아집을 제거할
수 있습니다.

공성에 대한 가르침을 담은 경전을 『반야경』[72]이라고
부릅니다. 『반야경』에서는 샤꺄무니 붓다께서 설한 8만
4천 가지의 모든 법문이 공성의 지혜를 설명한다고 말합
니다.

그렇다면 붓다의 가르침이 왜 지혜와 공성의 가르침에
집중되어 있을까요?

그 이유는 우리가 선천적으로 갖고 있는 타고난(구생)
아집을 없애기 위해서는 반드시 공성의 지혜가 필요하기
때문입니다.

중생들이 공성의 지혜를 깨우쳐 모든 고통의 근원인
아집을 끊어 없애기 위해 다양한 방편 설법을 통해 공성
의 가르침을 전한 것입니다.

붓다의 가르침 중에서 『반야경』의 가르침이 가장 중요
하다고 여겨지고 있습니다.

『반야경』에는 『십만송 반야경』과 『2만 5천송 반야경』,
『8천송 반야경』 등이 있습니다. 그리고 『반야경』의 핵심

---

72 반야경: 『ཤེར་ཕྱིན་གྱི་མདོ།』 셰르친기도.

내용을 짧게 요약하여 깊은 의미를 함축시켜 놓은 경전이『반야심경』입니다.

여러 불교 전통 국가에서는『반야심경』을 매일 독송하며 이를 중요한 경전으로 여깁니다. 이는 중생 모두가 경험하는 괴로움의 근원이 아집이고, 이러한 아집을 제거하는 방법은 공성의 지혜뿐이라는 사실 때문입니다. 그래서 공성에 대한 심층적인 견해가 담긴『반야심경』을 중요시하는 것입니다.

12) 붓다께서 우리를 구제하는 방식의 핵심

지금 우리는 '붓다께서 우리를 구제하는 방식'에 대해 공부하고 있습니다. 또 다른 경전에 다음과 같은 구절이 있습니다.

> "내가 너희들에게 해탈의 길을 보이노니
> 해탈이라는 것은 자기 자신에게 달려 있음을
> 알아야 한다."

이 말씀은 중요한 의미를 담고 있습니다. 붓다께서는 해탈을 얻는 길을 가르쳐 주었을 뿐입니다. 해탈을 얻거나 얻지 못하는 것은 개인의 노력과 선택에 달려 있는 것이며, 붓다 당신께는 어떠한 책임도 없다는 사실을 알아야 한다는 것입니다.

많은 경전에서 '붓다께서 우리를 구제하는 방식'에 대해 설명하고 있지만 그 핵심은 당신께서 우리에게 길을 안내하고 가르쳐 줌으로써 우리를 구제한다는 것입니다.

13) 해탈

나가르주나(루둡*용수)[73]의 『친구에게 보내는 편지(친우서)』에도 이와 같은 의미를 담은 구절이 있습니다.

> "해탈은 자기 스스로 얻는 것이며,
> 다른 것들이 도움을 준다고 해서 얻어지는 것이
> 결코 아니다. 듣고, 계율을 지키고, 선정을 지녀
> 네 가지 고귀한 진실에 정진함으로써 가능한 것이다."

이것도 그와 같은 맥락에서 이해할 수 있습니다.

---

[73] 나가르주나: ཀླུ་སྒྲུབ། 루둡. 용수보살. 장엄 여섯 분 중의 한 분이며 중관학파의 창시자, 공성의 전문가. 인도 브라민(Brahmin) 출신의 위대한 불교철학 대학자이자 날란다대학의 수장이고, 마디야마까 (Madhyamaka)(중관학파) 학교를 처음 시작하였다.

첫 번째 구절인 "해탈은 자기 스스로 증득하는 것이며"라는 구절은 해탈을 얻거나 얻지 못하는 것은 자기 스스로에게 달려 있음을 의미합니다.

두 번째 구절인 "다른 것들이 도움을 준다고 해서 얻어지는 것이 결코 아니다"라는 부분은 자신의 해탈이 오로지 자기 스스로의 노력에 달려 있으며, 다른 사람의 도움으로 해탈을 얻기란 불가능함을 의미합니다.

나머지 구절은 해탈을 얻기 위해서 무엇을 해야 하는지를 설명하고 있습니다.

붓다께서 일러 준 해탈의 길이 어떠한 것인지를 들어야 하고, 붓다께서 전한 계율을 잘 받아 지녀야 하며, 또한 선정을 바탕으로 하는 무아와 공성을 닦고 수행해야 한다는 것을 의미합니다.

그리고 지계와 선정을 바탕으로 하는 지혜로써 사성제(네 가지 고귀한 진실)를 통찰하기 위해 정진해야 한다는 내용입니다.

14) 사성제를 취하고 버림으로써 실천하는 방법

사성제를 취하고 버림으로써 실천하는 방법에 대해 설명을 드리겠습니다.

(1) 고통의 진실 사유하기

먼저 고제(고통의 진실)를 사유해야 합니다. 고제(고통의 진실)를 사유할 때, 주로 자신의 몸을 대상으로 삼아 사유할 수 있습니다.

잘 생각해 보면 나의 몸이 모든 괴로움의 발원지와 같다는 사실을 알 수 있습니다. 춥거나 더운 고통, 배고프고 목마른 고통, 병고 등 우리가 경험하는 모든 괴로움의 뿌리는 바로 업과 번뇌로 이루어진 유루(번뇌로 인해 오염된)의 몸입니다.

모든 고통이 이 몸의 존재가 주요한 원인이 되어 발생한다는 사실을 이해하게 되면, 비로소 이 몸이 사라지면 좋겠다는 생각을 하게 됩니다.

예를 들어, 많은 사람과 함께 길을 가고 있을 때 무리 중 한 사람이 다른 이들에게 해를 끼치고 불편함을 준다면 대중은 그 사람의 잘못된 행동을 보고서 '무리 속에 이 사람이 없다면 얼마나 좋을까?'라는 생각을 하게 될 것입니다. 그들은 그 사람을 무리에서 제외시키기 위해 노력할 것입니다.

이와 같이 우리가 유루의 이 몸이 우리가 겪는 모든 고통의 발원지라는 것을 반복해서 사유한다면, 이 몸의 결점을 볼 수 있게 됩니다.

그리고 몸의 결점을 보게 되면 자연스럽게 이 몸에서 벗어나기를 갈망하게 될 것입니다.

예를 들어, 알코올 중독자가 음주가 몸에 해를 끼치고 많은 문제를 일으키며 경제적으로 궁핍하게 만든다는 것 등 다양한 측면에서 음주의 해로움을 생각하게 되면, 음주의 해악을 명백히 깨닫게 됩니다. 이로 인해 '술을 끊어야 되겠다'는 마음이 자연스럽게 떠오를 것입니다.

한편, 음주의 해악을 인지하지 못하는 사람은 아무런 생각 없이 계속해서 술을 마시게 될 것입니다.

이와 같은 고찰을 통해 우리는 유루의 몸이라는 것이 고통의 본질을 지니고 있음을 이해하게 됩니다. 그 결과 이 몸에서 벗어나려는 열망이 쉽게 생겨날 것입니다.

(2) 오온(다섯 무더기)에서 벗어나는 방법

그렇다면 어떻게 하면 오온(풍뽀응아)74에서 벗어날 수 있을까요?

---

74 풍뽀응아: ཕུང་པོ་ལྔ། 오온. 다섯 무더기.
  ① 숙끼풍뽀: གཟུགས་ཀྱི་ཕུང་པོ། 색온. 물질 무더기.
  ② 초르뻬풍뽀: ཚོར་བའི་ཕུང་པོ། 수온. 느낌 무더기.

오온에서 벗어나기 위해서는 물리적으로 신체적 조치를 취한다거나 자살과 같은 방법으로는 결코 해결할 수 없습니다.

그렇다면 어떻게 해야 할까요?

업과 번뇌의 영향으로 인해 받게 되는 이 유루의 온(풍뽀)을 더 이상 받을 필요가 없도록 만들어야 하며, 그것을 가능하게 하는 방편에 정진해야 합니다.

(3) 유루의 몸을 받게 되는 주된 원인

유루(번뇌로 인해 오염된)의 몸을 받게 되는 주된 원인은 업과 번뇌입니다. 업과 번뇌 둘 중에서도 번뇌가 더 큰 비중을 차지합니다. 모든 번뇌 중에서도 주로 '나'라고 취하는 아집이 주된 원인이라고 할 수 있습니다.

아집이 굳게 자리 잡고 있으면 나의 행복과 편안함만을 우선시하고, 자신의 행복을 위해서라면 타인의 괴로움 따위는 무시하거나 경시하는 마음을 가지게 됩니다. 자기 중심적인 사고의 힘으로 인해 나와 비등한 수준의

---

③ 두셰끼풍뽀: འདུ་ཤེས་ཀྱི་ཕུང་པོ། 상온. 상 무더기.

④ 두제끼풍뽀: འདུ་བྱེད་ཀྱི་ཕུང་པོ། 행온. 행 무더기.

⑤ 남셰끼풍뽀: རྣམ་ཤེས་ཀྱི་ཕུང་པོ། 식온. 의식 무더기.

사람에게 질투와 경쟁심이 강하게 일어나게 됩니다.

그런 사람들은 자신의 성공을 위해 타인에게 해를 가하는 행동을 당연시하기 때문에 얼마든지 다른 이들을 힘들게 하거나 손해를 입힐 수 있습니다.

어떤 이들은 자기 중심적인 사고가 굳건함에도 불구하고 타인에게 해를 끼치지 못할 뿐만 아니라, 내면의 고난을 극복하지 못하고 자기 자신의 성장을 막는 상황에 처할 수 있습니다. 그들은 자신의 마음을 옥죄어 갇힌 공간에 가둬 두거나 정신을 놓아 버리며, 최악의 경우에는 자살을 하기도 합니다.

이처럼 자신의 마음을 스스로 옭아매지 않기 위해서는 업의 열매(업과)의 인과관계와 전생과 후생의 원리에 대해 사유하는 것이 큰 도움이 됩니다.

전생과 후생의 원리, 그리고 업의 열매의 인과관계에 대해 올바르게 이해하고 사유한다면, 큰 어려움이 닥쳤을 때에도 자신이 겪는 어려움을 전생의 인과 원리로 이해하여 고난을 마땅히 감내해 낼 수 있는 마음을 가질 수 있습니다.

'나에게 이런 어려움이 닥치는 것은 충분히 있을 수 있는 일이다. 나보다 훨씬 능력이 뛰어난 사람이나 돈이 많은 사람들, 혹은 권력이 높은 사람들도 이와 같은 고난을

4. 삼보께서 우리를 구제하는 방식

겪었고 또 겪고 있다. 그러니 나에게 이러한 어려움이 닥치는 것은 어쩌면 피할 수 없는 일이다'라는 생각으로 용기 있게 고난을 받아들이게 됩니다.

이런 마음을 갖게 되면 괴로웠던 마음이 한결 가벼워질 수 있습니다.

그렇기 때문에 사성제(네 가지 고귀한 진실) 가운데 가장 먼저 고제(고통의 진실)에 대해서 바르게 이해해야 하며, 이에 대한 이해를 바탕으로 괴로움에서 벗어나려는 마음을 일으키는 것입니다.

(4) 가장 먼저 해야 할 수행 과제

아집의 번뇌가 근본적인 원인으로 작용하여 모든 고통이 발생하는 원리를 중점적으로 이해해야 하고, 또한 아집이 어떤 행동들을 유발하며 어떤 문제들을 발생시키는지를 파악하는 것이 가장 먼저 해야 할 수행 과제입니다.

이와 같이, 고통을 제거하는 방식이란 발바닥에서 가시를 빼내듯이 할 수 있는 일이 아니므로 아집에 대한 고찰이 필요한 것입니다.

마치 황달을 치료할 때 병이 어떤 원인으로 발생하는지를 분석하고 고찰하여 그 원인을 제거함으로써 치유하는 것과 비슷합니다.

황달의 원인인 기름기 많은 음식과 고기를 제한함으로써 황달을 치료하는 것과 같이, 괴로움의 원인을 분석하고 고찰하여 그 원인을 제거함으로써 고통에서 벗어나게 되는 것입니다.

(5) 원인을 제거함

사성제사성제(네 가지 고귀한 진실)를 취하고 버리는 방식으로 수행하는 것은 이러합니다.

우선 고제(고통의 진실)의 원리를 이해한 다음에, 고통을 제거하기 위한 방편이 무엇인지를 사고하게 됩니다. 그다음으로 고통의 원인을 분석하여 집제(원인의 진실)가 고통의 원인임일 확인하게 됩니다. 그리고 원인을 제거함으로써 고통에서 벗어나는 것입니다.

여기서 말하는 집제(원인의 진실)는 주로 '아집'을 가리킵니다.

만약 우리가 대치법(해독제)을 통해 고통의 근본 원인인 아집을 제거할 수 있다면, 아집의 힘에 의지한 유루(번뇌로 인해 오염된)의 온(풍뙈)에서 벗어나게 됩니다.

(6) 소멸의 진실을 얻음

이처럼 업과 번뇌의 영향으로 받게 되는 유루의 온(풍뽀)에서 벗어나 행복과 평안에 이른 상태를 멸제(소멸의 진실)라고 합니다.

멸제를 얻기 위해서는 무아를 직관적(현량)으로 통찰하는 도제(도·길의 진실)를 닦아야 합니다.

미륵(제쭌잠빠)[75] 논사의 『보성론』에서는 사성제(네 가지 고귀한 진실)를 질병에 비유하여 자세하게 설명하고 있습니다.

15) 사성제의 열여섯 가지 양상(행상)

사성제(네 가지 고귀한 진실)에 대해 보충 설명을 드리겠습니다.

고집멸도를 '네 가지 고귀한 진실'이라고 하여 '진실'로 표현한 것에는 이유가 있습니다. 붓다께서 고제(고통의 진실)와 집제(원인의 진실)를 제거해야 할 대상으로, 멸제(소멸의 진실)와 도제(도·길의 진실)를 취해야 할 대상으로 말씀한 가르침 자체가 진리이기 때문입니다.

---

75 제쭌잠빠: རྗེ་བཙུན་བྱམས་པ། 미륵. 마이트레야.

또한, 성자들은 사성제의 실상을 사실 그대로, 직관적으로 깨닫기에 그분들에게 사성제는 진리이지만, 평범한 사람(범부*쏘쏘께뽀)[76]들에게는 그와 같이 지각되지 않기 때문에 이러한 입장에서 '성스러운 진실'이라고 말하는 것입니다.

사성제 각각에는 네 가지 양상(행상)이 존재하여 총 열여섯 가지 양상(16행상)[77]이 있습니다.

사성제를 열여섯 가지 양상으로 설명하는 이유는 잘못된 해탈의 길을 추구하는 외도들이 사성제(네 가지 고귀한 진실)에 대해 열여섯 가지 잘못된 견해를 지니고 있기

---

76 쏘쏘께뽀: སོ་སོ་སྐྱེ་བོ། 범부. 평범한 사람. 오도(다섯 가지 길) 중 견도
   (보임의 길)까지 깨닫지 못한 평범한 이라는 뜻. Common Beings.

77 열여섯 가지 양상(16행상): 사성제(네 가지의 고귀한 진실)의 열여섯 가
   지 양상(성질)을 말한다.
   ① 고성제(고통의 진실): 고제. 공성, 고통, 무상, 무아.
   ② 집성제(원인의 진실): 집제. 원인, 근원, 생김, 조건(연).
   ③ 멸성제(소멸의 진실): 멸제. 멈춤(멸), 고요함(정), 완벽한 상태(묘),
   확실한 벗어남(리).
   ④ 도성제(도·길의 진실): 도제. 길의 양상(도), 적절한 양상(여), 실천
   의 양상(행), 확실히 제거된 양상(출).

때문입니다. 그들의 삿된 견해를 제거하기 위해서 열여섯 가지 양상을 확립한 것입니다.

(1) 고통의 진실의 네 가지 양상

고성제(고통의 진실)는 공성(똥빠니), 고통(둥엘와), 무상(미딱빠), 무아(닥메빠)의 네 가지 양상으로 설명합니다.

상락아정, 즉 영원하고 즐겁고 자재하고 청정한 존재를 '자아'로 취하는 잘못된 네 가지 견해에 대한 대치법(해독제)으로 공성, 고통, 무상, 무아 네 가지 양상을 말합니다.

첫 번째, 공성은 유루(번뇌로 인해 오염된)의 오온이 오온과 별개의 본질로 존재하는 자아로부터 공(부정의 의미)하다는 의미입니다.

두 번째, 고통은 업과 번뇌의 힘에 의해서 좌지우지되기 때문에 '고통'입니다.

세 번째, 무상은 찰나찰나 생기고 멸하기 때문입니다.

네 번째, 무아는 스스로 존립할 수 있는 자성을 지닌 자아란 존재하지 않기 때문에 '무아'라고 합니다.

(2) 원인의 진실에 대한 잘못된 견해 네 가지

집성제(원인의 진실)에 대한 잘못된 견해 네 가지는,

① 고통을 원인이 없는 것으로 여기는 것 (×)

② 오직 하나의 원인에서 만들어진다고 하는 것 (×)

③ 자재천(하왕축)[78] 등의 정식적 원리의 움직임이 작용하여 만들어진 것이라는 것 (×)

④ 자성(랑신)[79]은 늘 변함이 없지만 일시적으로 무상하다고 하는 것 (×)

이라는 견해입니다.

이러한 삿된 견해의 대치법(해독제)으로 설해지는 것이 원인(인), 근원(집), 생김(생), 조건(연)의 네 가지 양상입니다.

유루의 업과 갈애, 이 둘은 고통의 뿌리이기 때문에 '원인'(인)이며, 고통을 계속해서 일으키기 때문에 '근원'(집), 고통을 일으키는 힘을 더욱더 강하게 만들기 때문에 '생김'(생)이며, 고통의 부수적인 원인(구유연)이 되기에 '조건'(연)이라고 합니다.

---

78 하왕축: ལྷ་དབང་ཕྱུག 자재천. 색계(물질세계)의 아홉 번째 하늘에 있는 신.

79 랑신: རང་བཞིན 자성. 산스크리트로 '스와바와'라 하는데, 스와바와는 여러 가지 뜻이 있고 여기서는 '본질'로 해석할 수 있다.

(3) 소멸의 진실에 대한 잘못된 견해 네 가지

멸성제(소멸의 진실)에 대한 네 가지 잘못된 견해는,

① 해탈이 본래 없다고 여기는 견해 (×)
② 몇몇의 유루(번뇌로 인해 오염된 것)만을 해탈로 취하는 견해 (×)
③ 몇몇 번뇌를 해탈로 취하는 견해 (×)
④ 번뇌를 제거해도 다시 번뇌가 생길 수 있다고 여기는 견해 (×)

입니다.
이에 대한 대치법(해독제)이 멈춤(멸), 고요함(정), 완벽한 상태(묘), 확실한 벗어남(리)의 4행상(양상)입니다.
업과 번뇌를 남김없이 단멸하는 이멸은 고통을 제거하여 벗어난 것이기에 '멈춤'(멸)이고, 번뇌를 적멸한(완전히 벗어난) 벗어남이기에 '고요함'(정)이며, 이로움과 즐거움의 본성인 벗어남이기에 '완벽한 상태'(묘)이고, 고통을 다시 일으키지 않는 벗어남이기에 '확실한 벗어남'(리)입니다.

(4) 도·길의 진실에 대한 잘못된 견해 네 가지

도성제(도·길의 진실)에 대한 잘못된 견해 네 가지는,

① 해탈이 본래 없다고 여기는 견해 (×)

② 무아를 통찰하는 지혜를 해탈의 도로 여기지 않는 견해 (×)

③ 몇몇의 사마디 상태를 해탈로 여기는 견해 (×)

④ 고통을 완전히 소진시키는 길은 없다고 여기는 견해 (×)

입니다.

이에 대한 대치법(해독제)이 도성제(도·길의 진실)의 네 가지 양상인 '길의 양상'(도), '적절한 양상'(여), '실천의 양상'(행), '확실히 제거된 양상'(출)입니다.

무아를 직관적으로 깨닫는 보살의 견도(통람)는 해탈에 이르게 하는 길이기에 '길의 양상'(도)이며, 번뇌의 해독제가 되는 길이기에 '적절한 양상'(여)이고, 도의 실상을 직관적으로 깨달음으로써 뒤집히지 않게 얻기에 '실천의 양상'(행)입니다. 그리고 괴로움과 번뇌의 뿌리를 없애는 길이기에 '확실히 제거된 양상'(출)이라고 합니다.

고성제(고통의 진실)의 네 가지 양상 각각은 별개의 의

　　　　　　　4. 삼보께서 우리를 구제하는 방식

미를 담고 있지만 고성제(고통의 진실)를 제외한 나머지
세 가지 진리의 네 가지 양상은 공통적인 의미를 담고 있
습니다.

16) 고통의 진실에 대한 쫑카빠 대사의 게송

고성제(고통의 진실)에 관한 핵심 내용은 쫑카빠 대사의
게송(칙제)를 통해 이해할 수 있습니다.

> "죽은 뒤에 악도에 태어나지 않으리라는 보장이 없고,
> 그러한 두려움에서 구제하는 이 삼보임이 확실하니,
> 그러한 이유로 귀의하는 것은 매우 견고한 귀의심이네.
> 귀의의 지침(학처)을 기울지 않게 하라.
> 그 (학처) 또한 선업과 악업의 인과의 이치를
> 바르게 사유하여 취하고 버리는 그러한 체계(도리)를
> 법답게 실천(수행)함에 달려 있다네."

"죽은 뒤에 악도에 태어나지 않으리라는 보장이 없고"라
는 구절은 우리가 죽은 뒤에 아귀, 축생, 지옥 등의 악도
에 태어나지 않는다는 어떠한 확신도 할 수 없다는 내용
입니다. 만일 악도에 태어난다면 감당할 수 없을 만큼의
극심한 고통과 엄청난 어려움이 끊임없이 자신을 괴롭힐

것입니다.

"그러한 두려움에서 구제하는 이, 삼보임이 확실하니"는 끔찍한 악도의 고통에서 나를 구제할 수 있는 분은 오직 삼보뿐임이 확실하다는 설명입니다.

"그러한 이유로 귀의하는 것은 매우 견고한 귀의심이네"라는 구절은 이러한 이치를 바탕으로 삼보께 귀의를 하기 때문에 매우 견고한 귀의심이 생겨남을 표현하고 있습니다.

"귀의의 지침(학처)을 기울지 않게 하라"는 삼보를 향해 귀의심을 일으키고 난 뒤에 귀의한 이가 실천해야 할 지침을 기울지 않게 해야 함을 설명하고 있습니다.

지침을 기울지 않게 하는 방식은 앞에서 말씀드린 환자와 의사의 비유와 비슷합니다. 환자가 의사의 처방을 온전히 실천함으로써 병을 치유하는 것과 같이 우리도 귀의의 지침을 따라 실천함으로써 귀의심을 지켜 나가야 하는 것입니다.

"그 (학처) 또한 선업과 악업의 인과의 이치를 바르게 사유하여 취하고 버리는 그러한 체계(도리)를 법답게 실천(수행)함에 달려 있다네"라는 구절은 귀의의 지침(학처)을 설명하고 있습니다.

지침(학처)이란, 악업과 선업의 인과관계를 바르게 사

유하여 선업은 취하고 악업은 버리는, 즉 취하고 버리는 체계를 법답게 실천하는 것을 말하며, 귀의를 통한 붓다의 실제 구제란 이러한 실천에서 비롯되는 것입니다.

아침에 일어나서 삼귀의를 사유할 때 위의 쫑카빠 대사의 게송(칙제)을 읊으면서 생각하고 명상하는 것이 가장 효과적인 방법입니다.

이 게송(칙제) 안에는 귀의의 체계에 대한 모든 내용이 담겨 있습니다.

첫 번째 구절("죽은 뒤에 악도에 태어나지 않으리라는 보장이 없고")은 귀의심을 일으키는 원인인 윤회와 악도의 고통에 대한 무섭고 두려운 마음을 나타내고 있습니다.

그다음 구절("그러한 두려움에서 구제하는 이, 삼보임이 확실하니")은 귀의처인 삼보께서 어떠한 분들인지를 설명하고 있습니다.

다음 구절("그러한 이유로 귀의하는 것은 매우 견고한 귀의심이네")은 귀의하는 방식을 설명하고 있습니다.

다음 구절("귀의의 지침(학처)을 기울지 않게 하라")은 귀의의 학처, 즉 실천해야 할 지침을 드러내고 있습니다.

그리고 마지막 구절("그 (학처) 또한 선업과 악업의 인과의 이치를 바르게 사유하여 취하고 버리는 그러한 체계(도리)를 법답게 실천(수행)함에 달려 있다네")은 귀의의 지침(학처)을 자세하게 설명함으로써 귀의하는 방식을 드러내고 있습니다.

악업과 선업에 대한 인과관계를 사유하여 악업은 버리고 선업은 취하는 취사의 체계를 여실하게 실천함으로써 구제받을 수 있다는 사실을 알 수 있습니다.

이를 통해 붓다께서 우리를 구제하는 다른 방법이 존재하지 않는다는 사실을 이해할 수 있습니다.

17) 빨댄 닥빠 큰스님의 비유

어제 (전화 통화에서) 빨댄 닥빠 큰스님께서 비유를 통해 귀의를 사유하면 도움이 될 것 같다고 말씀하셨습니다.

한 학생이 성적을 향상시키기 위해서는 교사에게 희망과 기대를 품어야 합니다. 이 학생이 교사에게 기대하면, 교사는 그 기대에 부응하여 학생을 가르치고 공부를 잘하도록 도와줄 것입니다. 교사가 제공할 수 있는 도움은 주로 가르치는 것에 한정됩니다.

학생의 가족이나 친척들이 간접적으로 도움을 주거나 주변 환경을 잘 조성하여 학생의 성장을 간접적으로 지원할 수 있지만, 본질적으로 학식을 향상시키고 키워 나가는 것은 학생 스스로의 노력에 달려 있습니다. 개인적인 노력 없이는 그 어떤 도움도 근본적으로 보탬이 되지 않습니다.

　이 예시를 통해서 우리가 얻을 수 있는 교훈은 자기 스스로 노력해야 한다는 것입니다.
　붓다의 가르침을 스스로 노력하고 실천하지 않는다면 우리가 구제받거나 성장하지 못할 것입니다.

　지금까지 '붓다께서 우리를 구제하는 방식'을 설명드렸습니다. 이는 매우 중요한 내용이기 때문에 상세하게 말씀드렸습니다.

18) 바른 귀의와 걀와 린뽀체의 말씀

우리가 매일 삼귀의를 하며 그 원리에 대해서 사유할 때, 지금 말씀드린 내용처럼 붓다께서 우리를 구제한다는 사실을 떠올릴 수 있어야 합니다.
　이와 같은 설명 방식은 샤꺄무니 붓다뿐만 아니라 인도의 많은 성자께서 공통적으로 말씀한 내용입니다.
　만일 별도의 구제 방식이 있어서 붓다께서 우리를 이끌고 해탈로 인도하셨다면, 우리는 이미 모두 해탈한 상태여야 할 것입니다. 그랬다면 지금과 같이 (여기에) 남아 있는 사람은 아무도 없었을 것입니다.

붓다께서 우리 모두를 해탈로 인도하셨을 것이라고 말하는 데에는 이유가 있습니다.

붓다께서는 중생 모두를 평등하게 아끼는 대자대비심을 지니고 계십니다. 붓다께서는 어떤 사람에게는 도움을 주고 어떤 사람은 도와주지 않는 편견을 가지고 계시지 않습니다.

붓다께서는 우리 모두에게 똑같은 자비와 연민을 가지고 계시기 때문에, 그와 같은 방식으로 구제할 수 있었다면 이미 우리 모두는 해탈에 이르렀을 것입니다.

또 한 가지 알아야 할 사실은, 요즘 가짜 라마나 허울뿐인 린뽀체들이 당장이라도 나를 잡아당겨서 구제할 것처럼 이야기한다는 것입니다. 하지만 이러한 말들에 현혹되어서는 안 됩니다. 이러한 상황이 닥치면 먼저 그들의 말을 자세히 살펴보고 판단해야 합니다.

바른 귀의와 붓다의 구제 방식을 잘 알고 있다면 이러한 말들에 쉽게 속지 않을 것입니다.

예전에 중국인들이 걜와 린뽀체(달라이 라마)께 이런 질문을 올렸습니다.

4. 삼보께서 우리를 구제하는 방식

"티베트의 가짜 스승들이 신도들에게 자신이 극락이나 정토로 쉽게 인도할 수 있다는 말로 현혹시킵니다. 그리고 신도들이 스승을 신뢰하게 되면 그 후에 신도들을 기만하거나 속이는 행위를 합니다. 이러한 상황을 막기 위해서는 어떤 조치를 취해야 할까요?"

걀와 린뽀체께서 답하길,

"제가 해 줄 수 있는 일은 없습니다. 여러분이 그가 스승의 조건을 갖추고 있는지를 경전을 통해 직접 확인해야 합니다. 미륵 논사의 『대승장엄경론』에는 스승이 갖춰야 할 열 가지 조건[80]이 나열되어 있는데, 이를 기반으로 하여 스스로 스승을 평가해야 합니다. 조건을 충족하는 스승이라면 신뢰하고 그의 가르침을 따르면 되겠지만, 조건을 갖추지 못한 스승이라면 그의 말을 무시해도

---

80 스승이 갖추어야 할 10가지 조건: ① 지계의 공덕을 갖춘 분, ② 선정의 공덕을 갖춘 분, ③ 지혜의 공덕을 갖춘 분, ④ 삼장(경장·율장·논장)에 밝은 분, ⑤ 공성을 깨우친 분, ⑥ 교학과 수행에서 제자보다 뛰어난 분, ⑦ 가르치는 데 말솜씨가 뛰어난 분, ⑧ 자비의 마음 동기로 제자를 가르치는 분, ⑨ 남을 돕는 것을 기뻐하며 정진하는 분, ⑩ 반복해서 가르치는 데 지치지 않는 분.

됩니다. 먼저 스승이 조건을 충족하는지 스스로 확인해야 합니다."

오늘은 이로써 강의를 마치겠습니다.

[심야 담론]

❖ 노르부: 불보(상계꼰촉)와 승보(게둔꼰촉)는 설명이 따로 필요하지 않습니다. 법보(최꼰촉)에 대한 이해를 바탕으로 불보와 승보를 이해할 수 있습니다.

앞서 불보에 대해 '자신의 이로움과 남의 이로움이 완성에 이른 귀의처'라고 설명드렸습니다.

'붓다'라는 존재는 법보를 완전히 깨달아 얻으신 분을 의미합니다. 그리고 승보는 견도(통람)에 이른 성자를 지칭합니다.

(한국 스님이 저술한 책에 대한 담화 중)
❖ 노르부: 이 책의 이 부분은 상대가 어떤 잘못을 저지르거나 눈에 차지 않는 행동을 했을 때 그 사람을 용서하고 이해해야 한다는 내용입니다.

똥렌[81] 수행은 나의 행복과 상대방의 고통을 아무런 망설임 없이 바꾸는 수행을 의미합니다. 더 나아가 이를 은밀히 아무도 모르게 바꿀 수 있도록 마음을 닦는 수행을 말합니다.

티베트 스승 랑리 탕빠께서는 『마음을 다스리는 여덟 가지 게송』[82]에서 똥렌 수행에 대해 설명하고 있습니다.

　　　최상의 뜻 이루는 마음으로 내가 중생 모두를
　　　여의주보다 더 늘 소중히 여기게 하소서.

　　　어디서 누구와 만나든지 나 자신 누구보다 낮추고
　　　마음속 깊이 남을 가장 귀하게 여기게 하소서.

　　　모든 행에서 자기 마음을 살피고
　　　번뇌는 생기자마자 나와 남을 해치기에
　　　단호히 제거하게 하소서.

---

81 똥렌: གཏོང་ལེན། 자타상환. Giving and Taking.
82 『마음을 다스리는 여덟 가지 게송』: 『བློ་སྦྱོང་ཚིགས་བརྒྱད་མ།』 로종칙꼐마.

버림받고 불쌍한 중생들이
죄와 고통에 크게 짓눌리는 것을 볼 때
귀한 보석의 원천 만난 듯이 소중히 여기게 하소서.

남이 나를 질투하여 헐뜯고 모함하여도
부당한 패배는 내가 받고 승리는 남에게 바치게 하소서.

내가 도와주었기에 크게 기대했던 그가
매우 나쁜 해를 끼쳐도 바른 스승으로 보게 하소서.

직간접의 이익과 즐거움을 모든 어머니에게 바치고
어머니의 허물과 고통 모두 은밀히 내가 받게 하소서.

또한 앞의 모든 행이
번뇌인 세속팔풍[83]에 물들지 않고
모든 현상을 신기루로 아는 마음으로
집착 없이 속박에서 벗어나게 하소서.

---

83 세속팔풍: ① 이득, ② 손해, ③ 명성, ④ 악명, ⑤ 칭찬, ⑥ 비방, ⑦ 즐거움, ⑧ 괴로움.

또한 『라마쬐빠』[84]라는 기도문에서도 그러한 수행 방식을 설명하고 있습니다.

기도문이란 단순히 읽는 것을 넘어서, 우리가 기도문을 독송함으로써 그 의미를 사유하고, 그 안에 담긴 가치를 습을 들이며 닦아 나가기 위해 존재하는 것입니다.

예를 들면, 매우 인색한 사람이 자신의 성향을 극복하고 보시하는 습을 들이게 하기 위해서 이렇게 수행할 수 있습니다.

그의 왼손에 치즈를 쥐어 주고 이 치즈를 오른손으로 넘기면서 다른 사람한테 보시하는 상황을 사유하게 합니다. 손으로 치즈를 건네는 행위와 함께 '나는 이 사람에게 치즈를 보시한다' 혹은 '내가 갖고 있는 물건을 이 사람한테 보시한다'라는 의식을 가지면서 습관을 심어 갑니다.

이 습관을 충분히 체득하면, 누군가 치즈가 필요한 순간이 왔을 때 손쉽게 나누어 줄 수 있게 됩니다.

이렇게 서서히 마음에 습을 들이는 것을 수행이라고 합니다.

---

84 『라마쬐빠』: ༄།ᨿ་མ་མཆོད་པ། 스승께 공양.

『마음을 다스리는 여덟 가지 게송』에서 말하듯이, '**타인의 고통은 내가 모두 짊어지고 나의 모든 행복은 그들에게 바치겠다**'라는 마음이 처음부터 쉽게 자리 잡기 어렵습니다.

그렇기 때문에 이런 마음을 단계적으로 사유하고 습을 들이며 익숙하게 만들어 나가야 합니다. 이것이 수행입니다.

이러한 마음을 갖추어 가는 것이 똥렌 수행입니다. 단순히 가만히 앉아서 중생을 교화하여 중생을 돕겠다는 생각만으로는 부족합니다. 이것이 똥렌 수행 방식의 하나입니다.

『마음을 변화시키는 여덟 가지 게송』은 모두 알고 계시리라 생각합니다.

일곱 번째 게송(칙제)에서 "**직간접적인 나의 모든 이로움과 행복을 어머니와 같은 중생 모두에게 베풀고 그들의 해로움과 고통은 은밀하게 전부 내가 받게 하소서**"라는 구절이 있습니다.

이와 같이 사유함으로써 자신의 행복과 타인의 고통을 바꾸는 수행을 하는 것입니다. 이것은 하나의 수행 방식이자 수행 전통입니다.

4. 삼보께서 우리를 구제하는 방식

❖ 대중: 똥렌 수행 전통이 한국에 남아 있는지에 대해서는 약간의 의구심이 듭니다. 만약 그러한 전통이 존재한다면 이는 제자와 스승 간에 전해지는 과정을 통해 드러나야 할 것입니다. 왜냐하면 수행가풍은 스승으로부터 제자에게 전수되며, 이를 통해 제자들의 모습 속에서 확실하게 드러나야 하니까요.

한국의 불교문화에서는 스승으로부터 전수되는 수행가풍을 매우 중요하게 여깁니다. 따라서 만약 한국에 똥렌 수행 전통이 존재한다면 그것은 현대 한국 불교의 모습 속에서 그 흔적을 볼 수 있어야 할 것 같습니다.

5. 귀의한 이가 실천해야 할 지침(학처)

오늘은 여섯 가지 항목 중에서 다섯 번째에 해당하는 '귀의한 이가 실천해야 할 지침'에 대해 설명드리겠습니다.

삼보에 대한 귀의심을 일으킨 다음 따라야 할 지침이 있습니다. 이 '지침'이란 곧 수행의 실천을 의미합니다.

실천해야 할 지침에는 '하지 않아야 할 지침'과 '해야할 지침'이 있습니다.

'하지 않아야 할 지침'은 붓다께서 말씀한 금지 사항이 므로 우리가 지양해야 하는 행동을 가리킵니다.

또한 '해야 할 지침'은 붓다께서 권고한 행동으로 반드 시 따라야 하는 행동을 의미합니다.

1) 하지 않아야 할 지침 세 가지

① 세속 신을 귀의처로 여기지 않는다.
② 중생을 해하지 않는다.
③ 외도들과 어울리지 않는다.

『열반경』에는 '하지 않아야 할 지침'에 대한 샤까무니 붓다의 가르침이 기술되어 있습니다.

"삼보에 귀의한 자,
그는 참으로 해탈(승의선)에 가까우니
언제라도 다른 신들에게 귀의하지 않는다네.
정법에 귀의한 자,
해하고 죽이려는 마음을 멀리하며
또한 승보에 귀의한 자,
외도들과 함께하지 않아야 하네."

첫 번째 구절인 "삼보에 귀의한 자 그는 참으로 해탈에 가까우니"라는 문장은, 삼보에 귀의한 사람은 누구든지 바른 도를 닦아 궁극의 선인 해탈의 경지에 가까워짐을 나타냅니다. '참으로'라는 구절은 바른 도를 닦고 실천함을 강조하는 의미입니다.

그리고 "언제라도 다른 신들에게 귀의하지 않는다네"라는 문장은 '하지 않아야 할 지침'을 말하고 있습니다. 삼보에 귀의한 사람은 단 한순간도 결코 세속 신들을 귀의처로 삼지 않아야 합니다.

"정법에 귀의한 자, 해하고 죽이려는 마음을 멀리하고"라는 문장은, 법에 귀의심을 일으킨 사람이 '하지 않아야 할 행동'을 설명합니다. 정법에 귀의한 사람은 중생에게 해를 가하거나 죽이는 행을 해서는 안 됩니다.

"또한 승보에게 귀의한 자, 외도들과 함께하지 않아야 하네." 이 구절은 승보에 귀의심을 일으킨 사람이 '하지 않아야 할 행동'을 설명합니다.

승보에 귀의한 자는 외도들과 함께 어울리지 않아야 합니다. 여기서 말하는 '외도'란 붓다를 교조로 따르지 않거나 붓다의 가르침에 믿음이 없는 사람들을 말합니다.

위 게송(칙제)은 붓다, 법, 승가 각각에 귀의한 자가 멀리해야 할 행동을 구분해서 설명하고 있습니다.

(1) 불보에 귀의했을 때

붓다께 귀의한 자는 붓다 이외에 다른 신들에게 귀의하지 말아야 한다는 것은 다른 세속 신들을 궁극적인 귀의의 대상으로 여기지 말라는 의미입니다.

즉, 자신을 윤회와 악도에서 구제해 주는 구원자로서 세속 신에게 기원하는 마음을 가지지 않아야 한다는 것을 나타냅니다.

한편, 일시적으로 세속 신들에게 임시로 도움을 청하는 행위는 가능합니다.

예를 들어, 병을 치유하거나 장사를 번창하게 하려고, 혹은 시험을 통과하려고 세속 신들에게 공양물을 바치거나 기도를 통해 도움을 구하는 행위는 문제가 되지 않습니다. 마치 환자가 병을 치유하기 위해 간절한 마음으로 의사에게 희망을 품고 의지하는 것과 비슷합니다.

이때 환자가 의사에게 기대하는 마음은 단지 현재의 질병을 치료하려는 목적으로 일시적으로 갖는 것입니다. 다음 생에 악도에 떨어지지 않거나 윤회에서 벗어나기 위한 의도로 귀의하는 것이 아닙니다.

(2) 법보에 귀의했을 때

"법에 귀의한 자는 중생에게 해를 끼치거나 생명을 빼앗지 말아야 한다"라는 말씀은 우리보다 낮은 차원에 있는 중생을 경시하거나 핍박하지 않아야 함을 의미합니다.

예를 들어서 소의 코청을 뚫거나 짐승에게 감당할 수 없는 짐을 지우는 등의 행동을 해서는 안 됩니다. 과거 티베트에서는 소에 코청을 뚫는 전통이 있었지만 최근에는 이러한 전통이 점차 사라지고 있습니다.

또한, 만약 백 킬로그램 정도의 짐을 실을 수 있는 소나 당나귀와 같은 동물이 있다면 그들이 감당할 수 있는 무게를 초과하여 짐을 싣는 행동은 피해야 합니다.

이와 같은 행위는 중생에게 해를 가하는 행동에 해당하므로 반드시 금해야 합니다.

요약하면, 나 이외의 다른 모든 생명체에게 해를 끼치지 않도록 최선을 다해야 합니다.

(3) 승보에 귀의했을 때

'승보에 귀의한 자는 외도들과 함께 어울리지 말아야 한다'라는 것은 외도뿐만이 아니라 붓다에 대한 신뢰가 없는 사람과 불법을 비방하는 사람을 포함하여 그들과 어울리지 말아야 한다는 설명입니다.

갤와 린뽀체(달라이 라마)께서는 이슬람교, 기독교, 힌 두교 등 다양한 종교의 사원을 방문하며 이슬람교의 전통의상을 입거나 힌두교의 종교의식인 이마에 빨간 점을 찍는 '빈디'를 하는 등 다양한 종교와 문화를 존중하고 참여하는 모습을 보입니다. 어떤 사람들은 갤와 린뽀체의 이런 행동이 귀의의 지침과 어긋난 행위인지 의심을 제기하기도 합니다.

이에 대한 답으로, 갤와 린뽀체의 행동이 삼귀의의 지침과 어긋나지 않는다는 입장에서 우리가 고려해야 할 점이 있습니다.

왜 삼귀의 지침과 어긋나지 않을까요?

붓다께서는 우리와 같은 평범한 제자들에게 외도의 경전을 보거나 읽지 말라고 가르쳤습니다. 그 이유는 우리의 지성의 힘이 견고하지 않기 때문에 붓다와 법에 대한 신심이 미숙한 상태에서 잘못된 견해에 현혹될 가능성이 크기 때문입니다. 그런데 샤꺄무니 붓다께서는 사리불(사리붓뜨라) 존자에게 외도의 경전을 가능한 한 많이 보라고 말씀하셨습니다.

사리불 존자는 샤꺄무니 붓다의 제자 가운데 지혜가 가장 뛰어난 제자이며, 그 지혜를 통해 외도의 경전을 보았을 때 그 경전 내용의 오류나 모순을 올바로 파악할 수 있고 잘못된 내용을 바로잡아 외도들을 올바른 방향으로 인도할 수 있었기 때문입니다.

샤꺄무니 붓다께서 사리불 존자에게 외도의 경전을 보라고 허락하였을 뿐만 아니라 많이 보라고 한 이유는 그분이 경전을 많이 볼수록 더 많은 이에게 이로움을 줄 수 있었기 때문입니다.

이처럼 걜와 린뽀체(달라이 라마)께서는 다양한 종교인과 열린 대화와 토론을 통해 그들을 이롭게 할 수 있는 역량을 가지고 계십니다.

예를 들어, 걜와 린뽀체께서는 초기 불교 전통을 지닌 동남아시아 국가들과 교류하여 그들의 불교 수준을 향상시키고 증진시키는 데 크게 기여하셨습니다.

샤꺄무니 붓다께서 우리와 같은 평범한 제자들에게 외도와 어울리지 말라고 한 말씀의 핵심은 우리의 내면이 충분히 견고하지 않다는 것입니다.

우리는 입으로는 붓다에 대한 신심이 있다고 말하지만, 진정한 신심을 일으킨 상태가 아니기 때문에 언제든지 변할 수 있는 가능성이 있습니다.

진정한 신심이란 삼보에 귀의해야 하는 실제 이유를 바른 인식으로 명백하게 통찰했을 때 생기는 신심을 의미합니다.

우리는 붓다에 대한 형식적인 신심만을 가지고 있을 뿐이지 붓다께서 어떤 분인지 바른 인식을 통해 깨닫지 못했기 때문에 진정한 신심을 갖추고 있다고 보기 어렵습니다. 이로 인해 언제든지 신심이 흔들릴 수 있는 것입니다.

따라서 미약한 신심을 지닌 사람이 외도의 경전이나 교리에 현혹된다면 그로 인해 손해를 보는 것은 그 자신입니다.

그렇기 때문에 샤까무니 붓다께서는 대자대비의 마음으로 중생을 손해로부터 보호하기 위해서 외도와 어울리지 말라고 말씀하신 것입니다.

이 세 가지가 바로 '하지 않아야 할 지침'입니다.

2) 해야 할 지침 세 가지

① 붓다의 형상이 담긴 사물에 대해 평가하거나 조롱하지 않는다.
② 경전을 법보와 같이 공경한다.
③ 출가자를 승보와 같이 공경한다.

다음으로 '해야 할 지침'에 대해서 말씀드리겠습니다.

(1) 불보에 귀의했을 때
첫째, 붓다의 형상이 담긴 사물에 대해 평가를 하거나 조롱하지 않는다.

붓다께 귀의심을 일으킨 이는 붓다의 모습이 담긴 탕카(탱화)나 불상 등의 물건을 실제 붓다처럼 공경해야 합니다. 불상이 흙으로 만들어진 것이든 동이나 금으로 만들어진 것이든 간에 거기에 신심을 일으켜 실제 붓다와 같이 모셔야 합니다. 붓다의 형상을 보고 떠오르는 판단이나 망상을 삼가고 공경의 마음으로 대해야 합니다.

붓다의 모습이 담긴 물건에 대해서는 설령 그 모습이 자신의 취향에 맞지 않더라도 비판하거나 조롱하는 마음을 품지 않아야 합니다.

예를 들어, 화가의 실력이 부족하면 탕카(탱화)를 그릴 때 붓다의 몸을 비대하게 그리거나 목을 짧게 그리는 등 비율이 맞지 않게 표현될 수 있습니다. 그러한 경우에도 '부처님의 목이 짧네', '부처님의 두상이 왜 납작하지?' 등과 같이 분별하는 생각을 떠올리지 않아야 합니다.

이와 관련된 아띠샤 존자의 일화가 있습니다. 어떤 사람이 문수보살(잠뺄양)[85]이 그려진 탕카를 아띠샤 존자께 보여 주며, 작품이 어떤지 여쭈었습니다.

"문수보살님 상이 어떠합니까? 좋습니까? 상이 좋다면 제가 구입하겠습니다."

이에 아티샤 존자께서 탕카를 살펴보고는 "문수보살의 상에는 좋고 나쁨이 없다. 다만 그림을 그린 작가의 솜씨는 평범하다"라고 말씀하셨습니다.

우리가 불상이나 탕카를 볼 때 붓다 모습을 그리거나 조성한 작가의 솜씨에 대해 평가를 하는 것은 괜찮습니다. 하지만 붓다 모습 자체를 평가해서는 안 됩니다.

또한 불상이나 탕카를 담보로 맡기는 행위를 해서도 안 되고 이를 함부로 하거나 경시해서도 안 됩니다.

나가르주나(루둡*용수)의 『친우서』에 다음과 같은 말씀이 있습니다.

"여래의 상이 나무로 만들어졌을지라도
만들어진 것은 무엇이든 (모양이 좋거나 나쁜 것이거나)

---

85 잠뺄양: འཇམ་དཔལ་དབྱངས། 문수보살. 만주슈리.

현자들은 붓다와 같이 공양한다네."

이 게송(칙제)은 붓다의 모습이 담긴 물건이 어떤 재료로 만들어져 있든, 붓다의 형상에 대해 좋고 나쁜 평가를 하지 않고 실제 붓다와 같이 공경을 표한다는 의미를 담고 있습니다.

『분별율경』에도 같은 맥락의 일화가 등장합니다. 가섭 붓다 시대의 이야기입니다.

한 날, 학식이 높으신 한 스님이 무학도(밀롭람)와 유학도(롭람)[86]의 스님들을 함께 모아 논쟁을 벌였습니다. 그 스님은 논쟁에 있어서 명성이 자자했을 뿐만 아니라 명예욕이 매우 강했던 이였습니다.

어느 날 그 스님은 유학도와 무학도의 스님들을 모두 모아 논쟁을 벌였는데, 논쟁이 그 스님이 패배하는 방향으로 전개되었습니다. 그러자 그 스님은 자신이 지게 될 것 같은 두려움에 떨며 불안해하였습니다.

그때 그 스님의 어머니가 말하길,

---

86 밀롭람: མི་སློབ་པ་ལམ། 무학도. The Path of No-More Learning.

"아들아, 두려워할 필요 없다. 네가 이길 수 있는 방법을 내가 일러 주마. 네가 내일 논쟁을 할 때, 질 것 같은 상황이 발생하면 대론자의 약점을 들추는 별칭을 만들어서 그를 무안하게 만들어라. 개 같다고 하거나, 코끼리 같다고 말해 버리면 상대가 너에게 반론을 제기하지 못할 것이다"라고 하였습니다.

그 스님은 다음날 다시 논쟁을 하였습니다.

이번에는 자신이 질 것 같은 상황에서 어머니의 가르침을 따르면서 상대방의 허물을 들추고 모멸감을 주는 말을 하여 논쟁에서 승리하게 되었습니다.

악담을 들은 스님들은 그가 큰 악업을 짓게 될 것이라 생각하여 대적하지 않았고, 자비로운 마음으로 어떠한 반론도 제기하지 않았습니다.

이러한 상황을 제삼자가 보았을 때는 악담을 한 스님이 논쟁에서 승리한 것처럼 보였고, 아무 대답도 못하는 대론자가 패배한 것으로 평가했습니다.

그러나 악담을 한 스님은 유학도와 무악도의 스님들에게 모욕적인 언행을 한 악업의 과보가 무겁게 쌓여 그 과

룹람: སློབ་ལམ། 유학도. 배울 것이 남아 있는 이.

보로 다음 생에 축생의 몸을 받게 되었습니다.

그는 샤꺄무니 붓다 시대에 물고기로 태어납니다. 그 물고기는 하반신은 물고기의 몸을 가졌으나 상반신은 개, 돼지, 코끼리 등 열여덟 가지의 다양한 짐승 머리를 가진 매우 괴상한 물고기였습니다.

샤꺄무니 붓다께서 보드가야에서 깨달음을 얻은 뒤인 어느 날, 한 어부가 그물에 걸린 큰 물고기를 꺼내기 위해 그물을 들어 올리고 있었습니다.

어부가 그물을 모두 건져 올리자 머리가 열여덟 개인 괴상한 물고기가 모습을 드러냈습니다. 그 모습을 목격한 많은 사람이 물고기의 모습에 놀라며 궁금증을 느꼈고, 이 물고기에 대한 소문이 마을 전체에 퍼졌습니다.

샤꺄무니 붓다께서도 이 이야기를 듣고 괴상한 물고기가 있는 곳으로 오셨습니다. 그리고 가피의 힘을 사용하여 잠시 물고기에게 말할 수 있게 한 뒤, 물고기에게 물었습니다.

"물고기야! 네가 이렇게 괴상하고 흉측하게 태어난 이유가 무엇이냐?"

물고기가 대답했습니다.

"가섭 부처님 시대에 저는 악한 스승을 만났습니다. 그의 지시대로 유학도와 무학도의 많은 스님에게 모욕적인 언행을 한 업보로 인해 제가 지금 이런 모습으로 태어나게 된 것입니다."

이 이야기는 삼귀의를 공부할 때 늘 등장하는 내용입니다. 우리가 이 이야기를 통해서 얻을 수 있는 교훈은 무엇일까요?

다른 사람을 비방하는 것, 특히 붓다의 형상이 담긴 물건을 보고 붓다의 목이 짧다거나 두상이 납작하다는 등의 조롱을 한다면, 설령 다음 생에 사람의 몸으로 태어나더라도 목이 짧거나 머리가 납작한 등 못생긴 모습을 가질 위험이 크다는 것입니다.

이로 인해 샤꺄무니 붓다께서는 이런 끔찍한 과보로부터 우리를 보호하기 위해 '해야 할 지침'으로 붓다의 형상이 담긴 물건에 대해 붓다와 같이 공경해야 한다고 말씀하신 것입니다.

또 다른 이야기가 『잡사』에 등장합니다. 구류손 붓다 시대에 있었던 일화입니다.

구류손 붓다 재세시에 '단묘'라는 이름을 가진 왕이 있었습니다. 구류손 붓다께서 입멸하신 후에 단묘왕은 큰 불탑을 세우고자 계획을 세웠습니다.

135

그때 고용된 한 기술자가 있었는데 그는 큰 불탑을 만든다는 계획을 듣고는 "이렇게 거대한 불탑을 만드는 것은 정말 쓸데없는 일이야. 돈이 엄청 많이 드는 일이고, 언제 끝날지도 알 수가 없는데"라며 몇 차례 빈정거렸습니다.

불사가 시작되자 왕은 자신의 막대한 권력을 동원하여 많은 사람을 고용하였고 큰 불탑 조성을 빠른 시간 안에 원만하게 완수할 수 있었습니다.

큰 불탑이 완성되자 그 기술자의 마음에 후회가 밀려왔습니다. '내가 이전에 큰 불탑 불사에 대해 빈정거린 것은 큰 실수였다. 이렇게 불사가 잘 완성되었구나'라는 마음으로 깊은 후회를 했습니다.

그래서 기술자는 품삯으로 받은 돈으로 황금종을 만들어 큰 불탑에 달았습니다.

나중에 그 기술자는 샤꺄무니 붓다 재세시에 한 비구로 태어나게 됩니다. 그 비구는 매우 못생기고 몸도 왜소하였으며 또한 몸에서 악취가 나는, 상당히 형편없는 모습이었지만 목소리는 매우 아름다웠습니다.

그 스님이 기도하거나 독송을 할 때 지나가는 사람들은 그 소리를 듣는 것만으로도 깊은 신심을 일으키게 하는 매우 아름다운 목소리였습니다.

하지만 직접 스님을 만나보면 얼굴을 돌려야 할 정도로 매우 못생기고 왜소한 모습을 하고 있었습니다.

한 날 샤꺄무니 붓다께서는 이 스님이 그와 같이 태어난 연유에 대해서 설명해 주셨습니다.

"현재 이 비구의 모습이 이렇게 형편없는 것은 전생에 큰 불탑을 세울 때 불사에 대해 쓸데없는 일이라고 빈정거렸던 과보다. 그리고 아름다운 목소리를 가지게 된 것은 자신이 빈정거린 행동에 대한 참회로써 황금으로 된 종을 큰 불탑에 보시한 공덕의 과보다."

우리가 이와 같은 이야기에서 얻을 수 있는 교훈은, 절이나 탑 불사 혹은 불상 조성 등과 같은 불사에 후원하거나 도움을 주지는 못할지라도 부정적으로 평가하거나 비판하는 행위를 삼가야 한다는 것입니다.

붓다께 귀의하는 마음을 일으켰을 때 우리가 실천해야 할 지침 가운데 첫 번째가 '붓다의 모습이 담긴 사물을 붓다와 같이 공경해야 한다'라는 것입니다.

불상이 모셔진 절이나 붓다의 사리나 경전이 보관된 탑, 그리고 붓다의 모습이 그려진 탕카와 같은 것을 마주할 때, 좋다 나쁘다 평가하거나 조롱하는 행위는 피해야 하며, 공경의 마음을 지켜 나가는 것이 매우 중요합니다.

5. 귀의한 이가 실천해야 할 지침(학처)

법당에 불상을 모실 때, 샤꺄무니 붓다께서 우리의 근본 스승이자 교조이기 때문에 샤꺄무니 불상을 중앙에 모시고 관세음보살(쩬레식)이나 문수보살(잠뻴양) 불상을 양 옆에 배치하는 것이 보통입니다.

그러나 어떤 사람은 샤꺄무니 불상이 나무로 조성되어 있고 다른 불상들이 금으로 조성되었을 경우, 금에 더 가치를 두고서 샤꺄무니 불상을 양 옆에 두고 금으로 된 불상을 중앙에 배치하기도 합니다.

이러한 행위는 **"불상을 붓다와 같이 공경하라"**라는 지침에 반하는 행동일 수 있습니다. 또한 어떤 사람은 샤꺄무니 불상이 작고 왜소한 반면 다른 불상이 더 크고 웅장할 때, 샤꺄무니 불상을 큰 불상 뒤에 가려 두기도 합니다. 이러한 행위 역시 붓다께 귀의한 자가 실천해야 하는 지침에 위배되기 때문에 삼가야 합니다.

즉, 붓다께 귀의의 마음을 일으킨 사람은 붓다의 모습이 담긴 탕카나 불상이 어떤 재료로 만들어졌든지 그에 상관없이 실제 붓다와 같이 항상 존경하고 공경하는 마음을 가지고 행동해야 합니다.

(2) 법보에 귀의했을 때
둘째, 경전을 법보와 같이 공경한다.

실천해야 할 두 번째 지침은 법보에 귀의심을 일으켰을 때 실천해야 할 지침입니다.

앞서 법보에 귀의한 자가 '하지 않아야 할 지침'으로 '중생들에게 해를 끼치지 않아야 한다'라고 했습니다.

'해야 할 지침'은 붓다의 말씀이 담긴 모든 경전과 논서뿐만 아니라 정법의 내용이 담긴 다양한 책도 법보와 같이 소중히 여겨 공경해야 합니다.

또한 붓다의 말씀이 담긴 경장과 논장을 담보로 맡겨서도 안 되고, 일반적인 책을 사거나 팔듯이 이익을 남기기 위해 경전을 사거나 팔아서는 안 됩니다.

그리고 경전을 신발 같은 더러운 물건과 함께 넣어서 가지고 다니는 등 불경한 행동을 해서는 안 됩니다. 늘 경전을 법보와 같은 것으로 여기며 공경의 마음으로 대해야 합니다.

예전에 선지식 '쩬아와'라는 분이 계셨습니다. 이분은 경장과 율장을 붓다 말씀 그 자체로 깊이 공경하는 분이었습니다.

쩬아와 스님은 누군가가 경전을 모시고 가는 모습이 보이면 아무리 멀리 떨어져 있더라도 자리에서 일어나 경전을 향해 합장하셨다고 합니다.

139

자리에서 일어나지 못하게 된 노년기에도 짼아와 스님은 경장을 모시고 가는 모습을 보게 되면 일어나서 공경을 표하지는 못하더라도 자리에 앉아 허리를 숙이고 합장하며 예를 다하셨다고 합니다.

우리는 법당에서 참배할 때, 다기물을 올리고 향을 피우며 다양한 공양을 올립니다. 그런데 우리는 종종 무의식적으로 불상 앞에 공양을 올리면 좋다는 생각을 가지고 있습니다. 하지만 경전에서는 불상 앞에 공양을 올리는 것보다 경전 앞에 공양을 올리는 것이 더 큰 이익을 가져다준다고 설명하고 있습니다.

붓다의 가르침이 담긴 경전에 대한 공경심을 가져야 합니다. 불상을 공경하는 것은 선업을 쌓는 행위로 이어지고 더욱 깊이 공경할수록 그만큼 많은 선업과 복덕을 쌓을 수 있습니다.

그러나 불상에 공양을 올리는 행위만으로는 우리의 지성을 증진시킬 수 없습니다. 경전에는 우리가 따라야 할 모든 도의 체계가 명시되어 있습니다. 나의 모든 행위와 마음가짐을 경전의 가르침에 따라 닦아 나간다면, 우리는 스스로 변화와 성장을 이룰 수 있습니다.

반면, 불상 앞에 기도와 공양을 올리는 행위는 물론 중요하지만, 그 외에 직접적인 배움의 기회를 얻을 수는 없습니다. 경전에 다음과 같은 말씀이 있습니다.

"몸과 말씀 중에서
말씀을 소중히 여기고 공경하며 공양을 올리면
큰 이익이 있다네.
실제 자신의 이로움을 주는 것은
붓다의 말씀이기 때문이라네."

여기까지가 법보에 귀의한 자가 실천해야 할 지침에 대한 내용입니다.

[질의응답]

❖ 대중: 실천해야 할 수행에서 붓다께 귀의한 자들은 붓다 이외에 다른 세속 신에 귀의하면 안 된다고 하셨는데, 그 부분에서 윤회와 악도 등의 두려움에서 벗어나게 해 주는 대상으로서 귀의하지 말라고 하셨습니다.

❖ 통역: 세속 신에게 기도를 할 때 '이 신이 내가 윤회

와 악도에 빠지는 고통에서 나를 구제해 줄 것이다'라는 마음으로 기도하면 안 된다는 의미입니다.

❖ **대중: 세속 신들이 우리에게 윤회에 대한 두려움을 일으키게 하나요?**

❖ 통역: 그들이 일으키는 것이 아니라 우리 마음에서 윤회와 악도의 고통에 대한 두려움이 일어나는 것을 말합니다. 우리가 잘못 살면 다음 생에 악도에 빠질 수 있습니다. 얼마나 두렵습니까? 윤회의 바퀴를 끝도 없이 떠도는 괴로움을 생각하면 두려운 마음이 생깁니다. 내가 일으키는 두려움을 말합니다.

❖ 노르부: 먼저 세속 신이 어떤 존재인지 설명드리겠습니다.

세속 신이란 어제 말씀드린 다섯 가지 길(오도) 중에서 견도 이하에 머물고 있는, 견도(통람) 이상의 과위를 얻지 못한 신들을 통칭하는 용어입니다.

지신이나 산신, 용신과 같은 세속 신은 견도를 얻지 못했습니다. 그 이하의 과위에 머물고 있는 신들입니다.

귀의한 이가 실천해야 할 '하지 말아야 할 지침' 부분에서 말씀드렸듯이 세속 신에 귀의하지 말아야 한다는 것은 그들을 완성(구경)의 귀의처로 삼지 말아야 한다는 것이며, 일시적인 목적을 위해 도움을 청하는 것은 가능합니다.

위독한 환자가 병을 치료하기 위해 의사에게 도움을 청하는 것과 같습니다. 환자는 '당신이 아니면 내 병을 치료해 줄 사람이 없다. 오직 당신만이 나를 살릴 수 있다'라는 간절한 마음으로 온 마음을 다해 의사에게 희망을 걸고 의지할 것입니다.

이 정도 차원의 기도는 산신이나 용신 등의 세속 신에게 충분히 할 수 있습니다. 일시적인 목적을 이루기 위한 임시방편이기 때문입니다.

지신이나, 산신, 용왕신 들에게 이와 같은 마음으로 희망을 걸고 의지하는 것은 괜찮습니다. 시험을 잘 보게 해 달라고 기도하거나 병을 치료하기 위해서, 혹은 장애를 없애기 위해서 기도하는 것은 문제가 될 정도로 위험한 행동이 아닙니다. 이러한 기도를 귀의심에 어긋나는 행동이라고 볼 수 없습니다.

❖ 대중: 절에서 산신기도나 용왕기도를 할 때 지극한 마음으로 예를 올린다는 표현을 사용하여 기도를 합니다. '지

심귀명례'라는 구절이 있는데 이렇게 기도해도 되는지요?

❖ 노르부: 괜찮습니다. 지극한 마음으로 예를 올리는 것은 문제가 되지 않습니다.

앞에서 말씀드렸듯이, 목숨이 위태로운 환자는 생명을 부지하기 위해 의사에게 온 마음을 다해 의지합니다. 어찌 보면, 환자가 '당신이 아니면 나는 죽는다'라는 간절한 마음으로 의사에게 기도하는 것이라고 볼 수도 있습니다. 이와 같은 차원의 기도는 충분히 가능합니다.

불자가 피해야 할 기도는, 세속 신을 윤회와 악도의 고통에서 구제해 줄 궁극의 귀의처로 삼아 기도하는 겁니다. '이 신이 나를 윤회의 고통에서 건져 줄 수 있다. 오로지 이 신밖에 없다'라는 마음으로 윤회와 악도에서 구원해 줄 완성(구경)의 구원자로 의지하면 안 된다는 의미이지 다른 목적으로 기도하고 의지하는 것은 가능합니다.

❖ 대중: 사람들 중에 개인적으로 산신 기도나 용왕기도 하는 분들이 있습니다.

❖ 통역: 기도하는 마음 동기가 중요합니다.

스님 말씀에 따르면, 먼저 윤회의 고통이 어떤 것인지,

악도에 빠지는 고통이 어떠한 것인지를 인지하고 나서 그러한 고통에 대해 두려운 마음이 일어나야 합니다.

그러고 나서 윤회와 악도로부터 구제해 주는 대상으로서 삼보께 귀의하는 것이 불자의 자세입니다. 다른 세속 신을 그와 같은 구원자로 간주하고 기도하는 것은 피해야 한다는 것입니다.

이러한 의미로 세속 신을 완성(구경)의 귀의처로 삼지 말라는 것입니다. 이 외에 다른 마음 동기를 가지고 공양을 올리거나 기도하는 것은 충분히 가능한 일입니다.

❖ 노르부: 세속 신에게 기도를 올리고 절을 하는 행위는 문제가 되지 않습니다. 절하는 것은 존경을 표하는 행위일 뿐입니다. 누구에게나 존경을 표할 수 있습니다.

반면, 불자가 지녀야 할 참된 귀의심이란 이번 생이 아닌 다음 생을 위한 것입니다. 다음 생에 내가 악도에 빠지지 않으리라는 보장이 없다는 두려움, 그리고 끊임없이 윤회의 고통을 겪을 수밖에 없다는 사실에 두려움을 일으키고 나서 다음과 같이 귀의하는 것입니다.

"윤회와 악도에서 구제하실 분은 오로지 삼보뿐입니다.
그렇기 때문에 삼보께 나의 몸, 말, 마음 등

저의 모든 것을 바쳐서 오로지 당신만을 향해
귀의하겠습니다. 앞으로 저에 대한 모든 책임과 권한은
당신께 있으며, 결코 저에게 있지 않습니다.
저를 구제해 주시기 바랍니다."

이 같은 마음으로 기도하는 것이 참된 귀의심입니다.

세속 신에게 이와 같이 귀의하지는 않지만 예를 표할
수는 있습니다. 이 내용은 『보리도차제대론』(장춥람림 첸
모)[87]에도 언급되어 있습니다.

불교가 아닌 다른 종교적 상징물에 절을 하고 기도를
하는 것은 문제가 되지 않습니다. 걜와 린뽀체(달라이 라
마)께서도 늘 다른 종교에 대해서 존경하고 공경한다고
예를 표하지 않습니까? 그와 같이 우리도 얼마든지 세속
신에게 절을 하고 예를 표할 수 있습니다. 이것은 아무런
문제가 되지 않습니다.

요지는, 세속 신에게 절을 하거나 '지심귀명례'를 염송
하는 행위는 얼마든지 가능하다는 것입니다. 다만 세속
신을 참된 귀의의 대상으로 삼는 행위는 피해야 합니다.

---

87 『보리도차제대론』: བྱང་ཆུབ་ལམ་རིམ་ཆེན་མོ། 장춥람림첸모. 쫑카빠
대사의 논서.

참된 귀의 대상은 오직 삼보뿐입니다. 이러한 차이를
구분할 수 있어야 합니다.

(3) 승보에 귀의했을 때

셋째, 출가자를 승보와 같이 공경한다.

지금부터는 승보께 귀의한 이가 실천해야 할 지침에
대해서 말씀드리겠습니다.

승보에 귀의한 자는 출가자의 모습을 하고 있는 사문
이나 승가를 실제 승보로 여기고 공경해야 합니다.

출가자를 상징하는 승복을 입은 스님을 공경해야 하
고, 스님이 비록 성자가 아닌 평범한 사람이라 할지라도
출가자 네 명이 모인 승가대중을 실제 승보로 여겨서 공
경해야 합니다.

또한 나와 종파가 다르거나 견해가 다르다는 이유로
출가자를 적대시하거나 편을 가르는 행위를 결코 해서는
안 됩니다.

티베트에는 겔룩빠, 닝마빠, 까뀨빠, 싸꺄빠의 4대 종
파가 있고 한국에도 조계종, 천태종, 진각종 등 다양한 불
교 종파가 존재합니다.

이처럼 불교에는 다양한 종파와 학파가 존재하며 각각

147

의 종파마다 고유한 견해를 가지고 있습니다. 그러나 견해가 다르다는 이유로 서로 적대시해서는 안 되며 서로 화합해야 합니다.

이 세상에는 다양한 종교가 존재하는 만큼 다양한 견해가 존재합니다. 그러나 자신과 견해가 다르다고 해서 이를 상대의 허물로 간주하거나 적대적인 태도를 가지는 것은 옳지 않습니다.

다만, 상대의 견해가 갖고 있는 오류나 모순에 대해 얼마든지 대화하고 토론할 수 있어야 합니다. 자신과 다른 견해를 가진 상대방을 존경하는 마음으로 대하고, 서로의 차이점에 대해서는 대화와 토론을 통해 옳고 그름을 논할 수 있어야 합니다.

상대방의 생각과 입장을 대화를 통해 이해하며, 상대방의 사고방식이나 행동에서 옳지 않거나 오류가 있다고 여기는 부분에 대해서도 이성적으로 토론하는 것은 충분히 가능한 일입니다.

4인 승가를 실제 승보와 같이 존경해야 하지만 이것만으로 실제 승보의 조건이 충족되는 것은 아닙니다. 평범한 사람인 출가자는 실제 승보에 해당되지 않습니다. 승보는 최소 견도(통람)의 계위를 얻은 성자만이 해당되기 때문입니다. 평범한 사람인 출가자는 견도를 얻지 못했기 때문에 실제 승보라고 말할 수 없습니다.

출가자가 성자가 아닌 평범한 사람일지라도 4인 승가에 대해서 승보와 같이 공경심을 가져야 하는 것은, 이러한 마음가짐으로 인해 많은 복덕과 공덕을 쌓을 수 있기 때문입니다. 이와 같은 사실을 알고 계셔야 합니다.

승보는 견도 이상의 과위를 얻은 성자만 해당됩니다. 따라서 '승보'와 '성자'를 동의어로 이해할 수 있습니다.

성자는 5도 가운데 견도 이상의 과위를 얻은 분을 지칭하기 때문에 '견도(통람)를 얻은 자'와 '성자'를 동의어로 이해할 수도 있습니다.

그렇기 때문에 단지 스님이라는 이유만으로 승보가 되지 않으며, 아무리 많은 수의 스님이 모여 있다 하더라도 그것만으로 실제 승보라고 할 수 없습니다.

'승보에게 귀의한 이가 실천해야 할 지침'과 관련해서 티베트에 전해지는 이야기가 있습니다.

넬졸파 첸뽀라는 큰스님은 매우 낡아서 버려진 승복이 쓰레기통에 있으면 옷을 주워 와서 깨끗이 빨아서 정갈한 곳에 두었다고 합니다.

우리는 실제 삼보를 향해 존경과 공경을 표해야 하지

만, 실제 삼보가 아니더라도 삼보를 상징하는 대상을 향해서도 동일한 공경심과 존경심을 갖고 있어야 합니다.

앞서 말씀드린 바와 같이 경장과 논장을 실제 법보로 여겨 공경을 표하고, 출가자의 모습을 한 스님들을 공경하며, 붓다의 형상이 담긴 불상이나 탕카와 같은 사물을 실제 붓다와 같이 공경해야 합니다.

이 같은 행동을 통해 선업과 공덕을 쌓게 되면 그 결과로 미래에 다른 사람들이 나를 공경하고 존경하게 되는 과보를 받게 될 것입니다. 이것은 일시적인 결과입니다.

『삼매왕경』에는 다음과 같은 말씀이 있습니다.

"행한 것은 어떠한 것이라도
그와 유사하게 과보를 받게 된다네."

내가 상대를 선한 마음으로 대하거나 공경하며 존경하는 등 모든 선행에 대한 결과는 결국 내가 한 행동과 동일한 형태로 돌려받게 된다는 것입니다.

이와 마찬가지로, 다른 사람을 모함하고 해를 끼치는 등 악한 행동을 하게 되면, 그 결과로 내가 한 행동을 고스란히 돌려받게 되는 고통스러운 결과를 경험하게 될 것입니다.

삼보에 대해 참된 귀의심을 일으키고 난 뒤에는 어떤 경우에도 삼보를 재미를 위한 농담의 대상으로 삼아서는 안 됩니다. 또한, 내 목숨을 잃더라도 결코 삼보를 저버리는 행동을 해서는 안 됩니다.

예를 들어, 누군가 나에게 "삼보를 모욕하고 비방하면 백만 달러를 주겠다"라고 하거나 "불법승 삼보는 실제로 존재하지 않는다. 그들은 진실하지 않다고 말해라. 그럼 내가 너에게 많은 재물과 부를 베풀겠다"라는 등 다양한 방법으로 현혹하더라도, 어떠한 상황에서도 결코 삼보를 저버리지 않겠다는 확고한 마음을 지녀야 합니다.

중국의 문화대혁명 시기에 중국은 티베트를 침략하여 티베트의 모든 문화와 불교 전통을 파괴했습니다. 그때 많은 사원이 파괴되고 수많은 스님이 학살당했습니다.

당시 중국 공산당들은 스님들에게 "삼보는 존재하지 않는다고 말해라. 진실하지 않다고 말해라. 그러면 내가 너를 죽이지 않겠다"라고 협박했습니다. 하지만 대부분의 스님은 삼보에 대해서 어떠한 험담도 하지 않았으며 자신의 목숨을 기꺼이 희생했습니다.

자신의 목숨을 희생할지라도 삼보를 절대로 저버리지 않는 행동은 매우 고귀한 가치를 보여 주는 행위입니다. 티베트의 침략에 관한 역사적인 이야기들이 우리에게 홀

5. 귀의한 이가 실천해야 할 지침(학처)

룽한 본보기가 될 수 있습니다.

　자신이 이와 같은 상황에 직면한다면, 그들처럼 목숨을 버릴지라도 삼보에 대해 어떠한 험담도 하지 않겠다는 굳은 결심을 가질 수 있어야 합니다.

　재물을 위해서 혹은 목숨을 부지하기 위해서 삼보를 비난했을 때, 결국 우리 손에 쥐어지는 것은 잠깐의 이익인 돈이나 목숨뿐입니다. 이런 것들은 이번 생에만 이로울 뿐이지 다음 생에는 결코 가져갈 수 없습니다.

　하지만 삼보를 비방하고 모욕한다면 그 과보로 다음 생뿐만 아니라 셀 수 없이 많은 생 동안 지독한 괴로움을 경험해야 합니다.

　삼보에 대해 험담하거나 비방하지 말라고 하는 것은 그 말로 인해서 삼보라는 존재가 형편없어지고 하찮게 되기 때문이 아닙니다.

　삼보를 비방하거나 모욕하는 행동은 그 행위를 한 당사자에게 불행한 결과를 불러오기 때문에 그와 같이 하지 말라는 것이며, 비방하는 말 때문에 삼보가 형편없어지거나 비참해지기 때문이 아닙니다.

　이런 사실을 가려서 이해하는 것이 매우 중요합니다.

　반면, 사회의 지도층 인사들이 자신을 비판하거나 비

방하지 말라고 하는 것은 그 말이 실제로 자신에게 나쁜 영향을 미치고 명예나 권위가 실추되기 때문이며, 그런 염려와 불안감으로 인해 비판을 피하는 것입니다.

하지만 샤꺄무니 붓다께서 삼보를 비방하지 말라고 하신 것은 당신을 위해서가 아닙니다. 중생이 겪을 고통을 염려하는 마음으로 한 말씀이기 때문에 매우 큰 차이가 있습니다.

지금까지 귀의심을 일으킨 자가 '하지 않아야 할 지침' 세 가지와 '해야 할 지침' 세 가지로, 총 여섯 가지 지침에 대해서 말씀드렸습니다.

[대중에게 질문]

❖ 노르부: 질문을 하나 드리겠습니다. 붓다께 귀의심을 일으킨 자가 하지 않아야 할 행동은 무엇입니까?

❖ 대중: 붓다의 형상을 담은 그림이나 불상을 향해 조롱하는 말을 하거나 평가를 하면 안 된다고 하셨습니다.

❖ 노르부: 방금 말씀한 내용은 '해야 할 지침'에 해당합니다. '하지 말아야 할 지침'은 세속 신 혹은 외도의 교조나 가르침 등을 귀의처로 삼지 않아야 한다는 것입니다. '붓다의 형상을 담은 사물을 실제 붓다와 같이 여겨야 한다'라고 말씀하시기 때문입니다.

❖ 노르부: 승보에 귀의한 자가 해야 할 지침은 무엇인가요?

❖ **대중: 경전을 귀중하게 여겨야 할 것 같습니다.**

❖ 통역: 편안하게 생각해 보십시오. 승보에 귀의를 하고 나면 출가자를 보고 특별한 마음을 가질 필요가 있지 않을까요?

❖ 노르부: '하지 말아야 할 지침 세 가지'는 불보에 귀의했을 때와 법보에 귀의했을 때, 그리고 승보에 귀의했을 때 하지 않아야 할 행동이 세 가지이며, 이와 마찬가지로 '해야 할 지침'에도 불보, 법보, 승보에 귀의했을 때 해야 할 행동 세 가지가 있기에 총 여섯 가지입니다.

다시 말하자면, 삼보 각각에 대해 '해야 할 지침'과 '하지 않아야 할 지침' 두 가지가 있어서 총 여섯 가지가 됩니다. 이 여섯 가지를 '고유한 여섯 가지 지침'이라고 합니다.

3) 공통된 다섯 가지 지침
이 외에도 '공통된 다섯 가지 지침'이 있습니다.

첫 번째, 내 목숨을 버리더라도 삼보를 저버리지 않는 것입니다. 이 항목은 고유한 여섯 가지 지침과 중복된 내용입니다.

두 번째, 오랜 기간 동안 귀의심을 지켜가며 기도한다 해도 곧바로 괴로움과 어려움이 사라지는 것은 아닙니다. 이 때 귀의심과 기도가 헛되다는 생각에 빠져 다른 귀의처를 찾으려는 마음을 내지 않아야 합니다.

세 번째, 음식을 먹을 때마다 가장 먼저 삼보께 공양을 올리는 것입니다.

네 번째, 매일 삼보를 향해 귀의심을 일으켜야 합니다.

다섯 번째, 어딘가로 가야 할 때, 동쪽이나 서쪽 등 어떤 방향으로 향하든 그곳에 계시는 삼보께 귀의하는 마음을 가지는 것입니다. 모든 방향에 삼보께서 계시기 때문입니다.

이 다섯 가지가 삼보에 귀의한 자가 실천해야 할 '공통된 다섯 가지 지침'이라고 할 수 있습니다.

지금까지 제시한 지침들을 실천하고 노력해 나아가야 합니다. 실행하지 못할 어려운 내용은 없을 것입니다.

자신의 능력을 최대한 발휘한다면, 우리가 할 수 있는 일은 무궁무진합니다. 매일매일 노력을 지속하며 수행을 실천한다면 큰 성과를 얻을 수 있을 것으로 기대합니다.

4)『보리도차제대론』

삼보의 공덕에 대해 더 자세하게 설명드릴 수 있지만 백련사 주지 스님은 늘『보리도차제대론』(장춥람림첸모)을 공부하고 수행하기에 잘 알고 계시리라 생각합니다.

앞서 말씀드린 '귀의의 대상' 항목에서 삼보의 공덕에 관한 내용이 언급됩니다. 주지 스님께서 책을 엮을 때『보리도차제대론』의 삼귀의 내용을 참고하면 독자들에게 도움이 되지 않을까 생각됩니다.

시간이 허락된다면 강의 마지막에 삼보의 공덕에 대해서 보충 설명을 드리겠습니다.

6. 귀의의 공덕

여섯 가지 항목 중에 마지막인 '귀의의 공덕' 여덟 가지에 대해서 설명드리겠습니다.

여기서 말하는 공덕이란 '귀의심의 과보'를 말하며, 귀의로 인해 얻게 되는 이익을 말합니다.

여기에는 여덟 가지가 있습니다.

1) 귀의의 이익 여덟 가지

첫 번째, 불교도에 포함이 됩니다.

이전에 언급한 대로, 스스로 불자라고 주장하는 것만으로 불자가 되는 것은 아닙니다. 삼귀의가 불자와 비불자를 구분하는 지표입니다. 삼귀의의 마음이 기울어져 있는지 아닌지에 따라서 불자가 결정되는 것입니다.

마치 집 안으로 들어간다고 할 때 문을 통과해야만 집 안에 들어간 것으로 인정되는 것과 같습니다. 집의 안과 밖을 구분하는 기준이 문인 것처럼 불교에 입문하는 문과 같은 역할을 삼귀의가 한다고 볼 수 있습니다.

삼귀의의 마음을 일으키고 그 마음이 변하지 않도록 노력한다면, 진정한 '불자'로서 불교의 문 안으로 들어섰다고 할 수 있습니다.

157

처음에 귀의심이 생겼다 해도 그 마음이 사라지거나, 혹은 처음부터 귀의심이 없는 사람은 불자라고 할 수 없습니다.

두 번째, 삼귀의심은 모든 계율의 근간이 됩니다.

비구계, 비구니계, 사미계, 사미니계, 재가계 등 자신이 받아 지닌 계율의 근간이 되는 것은 삼귀의심이라고 할 수 있습니다. 귀의심이 없다면, 계율이 성립되는 토대가 없는 것과 같습니다.

세 번째, 과거에 지은 악업과 업장이 정화되는 데 크게 도움이 됩니다.

샨띠데와(적천보살)의 『집학론』에는 귀의심을 통해 악업이 정화됨을 설명하는 경구가 인용되어 있습니다.

한 천신의 아들(천자)이 있었는데, 그는 다음 생에 반드시 돼지의 몸을 받아야 할 운명이었습니다. 하지만 붓다께 귀의한 덕분에 돼지의 몸을 받지 않고 선도에 태어났다고 합니다.

이러한 이야기들이 쉽게 믿기 어려운 말로 들릴지 모릅니다. 그러나 현상계의 실상을 깊이 사유해 보면 귀의심으로 인해 축생으로 태어나는 업이 정화되는 근거를

발견할 수 있습니다. 이는 터무니없는 얘기가 아닙니다.

이와 관련된 내용은 뒤에 말씀드리겠습니다.

네 번째, 광대한 복을 쌓게 됩니다.

아슈바고샤(마명논사)[88]는 『바라밀섭론(Phar phin bsdus pa)』에서 다음과 같은 말씀을 하셨습니다.

> "만약 귀의의 공덕이
> 눈에 볼 수 있는 물질로 존재한다면
> 삼천대천세계를 가득 채우고도 넘쳐날 것이네.
> 큰 바다는 물 곳간이니
> 어찌 컵으로 측정할 수 있겠는가!"

'큰 바다'는 방대함을 의미하는 은유적인 표현입니다. 바다는 헤아릴 수 없을 만큼 많은 양의 물이 담겨 있는 곳간과 같습니다.

이와 같이 방대한 양의 물을 작은 컵으로 측정하기란 불가능하며, 이와 마찬가지로 귀의의 공덕 역시 헤아릴

---

88 아슈바고샤: སློབ་དཔོན་དཔའ་བོ། 롭뾘빠뽀. 마명.

6. 귀의의 공덕

수 없을 만큼 큽니다. 따라서 바다의 무한함을 통해 귀의
의 공덕을 설명한 것입니다.

어떤 사람들은 귀의심을 가지기만 해도 무량한 공덕을
쌓을 수 있다는 사실에 대해, 자신이 엄청난 공덕을 가지
고 있다고 자부심을 느낄 것입니다.

한편, 막대한 공덕이 있다면 모든 일이 순조롭게 이루
어져야 하고 어떠한 어려움도 없어야 하는데 때때로 자
신에게 왜 어려움이 생기는지에 대한 의문을 품을 수도
있습니다.

이는 충분히 이해할 만한 의문입니다. 이와 관련된 샤
꺄무니 붓다의 일화를 말씀드리겠습니다.

한 날 붓다께서 많은 제자를 이끌고 걸식을 하러 가셨
습니다. 가는 길에 한 비구가 큰 불탑에서 절을 하고 있
는 모습을 보셨습니다. 그때 붓다께서 제자들에게

"저기 절을 하고 있는 비구의 모습이 보이느냐?"

라고 물었습니다. 그리고 다시 말씀하시길,

"비구가 절을 하는 모습이 보인다면, 비구가 한 번 절
을 할 때마다 얼마나 많은 복덕이 쌓이는지 너희 눈에 보
이느냐?"

라고 물었습니다. 제자들이 대답하기를,

"저 비구가 쌓는 복덕이 저희의 눈에는 보이지 않습니다. 그가 쌓은 복덕이 얼마나 됩니까?"

라고 붓다께 여쭈었습니다. 붓다께서 대답하기를,

"비구가 오체투지를 한 번 할 때마다, 몸이 땅에 닿는 면적만큼에 있는 흙먼지 하나하나에 천 번 전륜성왕으로 태어나는 공덕을 쌓는다."

(대중: 입을 다물 수 없을 만큼 놀랍습니다.)

여러분이 놀란 것처럼 그곳에 있는 붓다의 제자들 모두가 매우 놀랐습니다.

일반적으로, 세상에 붓다 한 분이 나타나실 때마다 전륜성왕 한 분이 출현합니다. 샤꺄무니 붓다의 말씀대로라면 한 번 절하는 공덕으로 헤아릴 수 없이 많은 수의 전륜성왕을 탄생시켰어야 할 텐데, 현실에서는 그 숫자가 지나치게 적었습니다.

제자들은 이와 같은 의문을 갖고 붓다께 여쭙니다.

"부처님께서 이 세상에 나오실 때 많은 수의 전륜성왕이 출현해야 하는 것이 아닙니까? 왜 한 분만 출현한 것이지요?"

붓다께서 말씀하길,

"너희들의 말이 맞다. 합당한 의문이다. 이 비구는 오

6. 귀의의 공덕

체투지를 할 때마다 어마어마한 복덕을 쌓는 한편으로, 분노의 힘으로 선한 뿌리(선근)를 소멸시켜서 그만큼의 복덕을 까먹고 있다. 한쪽에선 복덕을 짓고 한쪽에선 복을 탕진하기 때문에 복덕이 쌓이지 못한다. 헤아릴 수 없는 숫자의 전륜성왕이 탄생할 수 있는 공덕을 지었음에도 불구하고 그 복덕을 다 탕진했기 때문에 결국 한 분만 출현하게 된 것이다."

'전륜성왕'이란 용어는 붓다를 지칭하지 않습니다. 전륜성왕은 '왕'을 의미하는 용어이며, 전륜성왕에 해당하는 분의 이름이 특별히 언급되어 있지 않습니다.

전륜성왕은 욕계(되캄), 색계(숙캄), 무색계(숙메끼캄) 등 수미산을 둘러싼 사대주 모두를 관장하고 다스리며 육도윤회(꼬르와릭둑)[89]의 중생에게 왕과 같은 역할을 하는 분을 말합니다.

그렇기 때문에 불교의 가르침을 실천하는 수행자의 입

---

89 꼬르와릭둑: འཁོར་བ་རིགས་དྲུག 육도윤회. 지은 업에 따라 신, 인간, 아수라, 동물, 아귀, 지옥, 동물 세계를 떠돌며 태어남-죽음-재탄생을 반복하는 것.

장에서는 '인욕행(쉐빠)⁹⁰'을 매우 중요하게 생각합니다.

'인욕'과 정반대인 '분노'를 제어하지 못하고 그대로 둔다면, 분노가 악업이기 때문에 그 과보로 괴로움을 경험할 뿐만 아니라 과거에 지었던 선한 뿌리들도 모두 소멸시켜 버리기 때문입니다.

화를 제외한 탐착이나 욕심과 같은 번뇌는 고통의 과보를 받게 하지만, 이전에 쌓아 놓은 선업을 소멸시키지는 않습니다.

다섯 번째, 악도에 떨어지지 않는 일시적인 목적을 이루게 됩니다.

간절한 마음으로 삼보에 귀의하는 마음을 일으키면 지옥, 아귀, 축생 등 악도에 떨어지지 않습니다.

우리가 어떤 일을 할 때 일시적인 목표와 궁극적인 목표가 있듯이, 불교수행 과정도 마찬가지입니다. 불교 수행의 일시적인 목표는 '선도에 나는 것'이고 궁극적인 목표는 '해탈'(타르빠)을 성취하는 것입니다.

이러한 입장에서 '악도에 빠지지 않는 것'이 선도에 태

---

90 쉐빠: བཟོད་པ། 인욕행. Forbearance.

어나는 목표를 실현시키기에 '일시적인 목적'이라고 표현한 것입니다.

여섯 번째, 사람과 사람이 아닌 존재가 해를 가하지 못합니다.

우리가 삼보에 대해 마음 속 깊이 간절한 마음으로 신심과 귀의심을 갖춘다면 사람과 사람이 아닌 귀신들이 해를 가한다 하더라도 그 해로움이 우리에게 어떤 효력도 발휘할 수 없게 됩니다.

두려움과 무서움을 느끼는 유약한 범부들은 다양한 종교와 다양한 방식을 통해 귀의심을 일으킵니다.

샤꺄무니 붓다의 말씀 중에 이와 관련한 내용이 있습니다.

**"두려움에 떠는 사람들, 대부분은 산신과 숲의 신,
법당과 공양처의 나무 따위에게 귀의한다네."**

인도에서는 매우 작은 마을이라도 신에게 공양을 올리는 작은 신당을 세우는데 어떤 신당은 과실나무에 색을 칠해서 신으로 모시기도 합니다. 이것을 '공양처의 나무'라고 합니다.

칙제에 언급된 산이나 숲, 나무뿐만 아니라 해, 달, 바다 등 자연의 사물을 신으로 섬기고 기도를 하거나 공양을 올리는 등 다양한 행위를 합니다. 어떤 종교에서는 소나 돼지를 신으로 여기기도 합니다. 그들은 소의 소변을 가피물이나 감로수처럼 여겨서 마시기도 합니다.

이어서 다음과 같은 구절이 있습니다.

"그 귀의처는 주요한 것이 아니며
그 귀의처는 최상의 것도 아니라네.
그 귀의처에 의지하더라도
모든 고통에서 벗어나지는 못한다네."

우리가 게송(칙제)에서 언급된 대상에게 아무리 의지하고 귀의하더라도 고통에서 완전히 벗어날 수 없습니다. 자신의 소망을 이룰 수 없습니다.

그들이 우리의 참된 귀의처가 되지 못하는 이유는 돼지나 소에게 아무리 기도하고 염원하며 공양물을 올려도, 그들에겐 우리의 소망을 이루어 줄 능력이 없기 때문입니다.

우리가 귀의해야 할 대상은 불보, 법보, 승보입니다. 그렇다면 우리가 삼보(꼰촉쑴)께 귀의심을 일으켜야 하는

6. 귀의의 공덕

이유는 무엇일까요?

그것은 우리가 윤회와 악도의 고통에서 벗어나고자 하는 염원을 이루기 위해, 삼보께서 우리에게 올바른 길을 안내하고 우리가 그 길을 실천함으로써 우리의 바람이 실제로 이루어질 수 있기 때문입니다.

『항상 해야 하는 세 가지』(균착쑴빠)91 기도문에 '천신과 인간을 이끄는 설법자'(하당 미남끼 뙨빠)라는 용어로 붓다를 천신과 인간의 스승으로 표현하고 있습니다. 몇몇 사람은 '천신과 인간의 설법자'(천인사)라는 용어에 대해서 '왜 부처님이 천신과 인간만의 스승인가? 지옥, 아귀, 축생들의 스승은 아니란 말인가?'라고 의문을 품기도 합니다.

그와 같이 표현한 데는 이유가 있습니다.

붓다께서는 육도중생 모두의 스승이십니다. 그러나 육도중생 가운데 당신께서 설한 '취하고 버려야 할 도의 가르침'을 이해하고 실천할 수 있는 능력을 지닌 존재는 주

---

91 『균착쑴빠』: 『རྒྱུན་ཆགས་གསུམ་པ།』 항상 해야 하는 세 가지 기도문. 부처님 명호 중에 "천신과 인간의 설법자" (ལྷ་དང་མི་རྣམས་ཀྱི་སྟོན་པ།: 하당 미남끼)가 있다.

로 인간과 천신입니다.

인간과 천신은 듣고 생각할 수 있는 지성이 있지만 다른 중생에게는 없기 때문에 이와 같은 측면에서 '천신과 인간의 설법자'라고 한 것입니다.

이처럼 우리가 윤회와 악도로부터 벗어나고자 하는 바람으로 붓다께 기도를 한다면, 붓다께서는 어떠한 방식으로든 그것을 성취할 수 있도록 방법과 길을 보여 주십니다.

앞의 게송(칙제)에 이어서,

"누군가 부처와 법과 승가에 귀의한다면
고통(고)과 고통의 원인(집)과
고통에서 완전히 벗어남(멸)으로
여덟 가지 고귀한 길(팍람엔락쩨)⁹²은

---

92 팍람엔락쩨: འཕགས་ལམ་ཡན་ལག་བརྒྱད། 팔정도. 여덟 가지 고귀한 길. Noble Eightfold Path.

① 양닥삐따와: ཡང་དག་པའི་ལྟ་བ། 정견. 바른 견해.

② 양닥삐똑빠: ཡང་དག་པའི་རྟོག་པ། 정사유. 바른 사유.

③ 양닥삐응악: ཡང་དག་པའི་ངག 정어. 바른 말.

④ 양닥삐레끼타: ཡང་དག་པའི་ལས་ཀྱི་མཐའ། 정업. 바른 행동.

⑤ 양닥삐초와: ཡང་དག་པའི་འཚོ་བ། 정명. 바른 생활.

6. 귀의의 공덕

행복과 열반으로 가게 하니

네 가지 고귀한 진실을 지혜로써 보게 되리라"

라는 말씀이 있습니다.

이 게송은 샤꺄무니 붓다께서 말씀하신 사성제(네 가지 고귀한 진실)의 가르침을 따라 '버려야 할 도리'인 고제(고통의 진실)와 집제(원인의 진실)를 제거하고 '취해야 할 도리'인 멸제(소멸의 진실)와 도제(도·길의 진실)를 성취한다면 여덟 가지 고귀한 길을 얻을 수 있음을 설명합니다.

이처럼 삼보를 향해 참된 귀의심을 일으키면 사람과 귀신 따위가 수행에 결코 해를 가하지 못하기 때문에 윤회와 악도의 고통에서 벗어날 뿐만 아니라 궁극적으로는 해탈과 일체지의 경지까지도 이룰 수 있는 것입니다.

일곱 번째, 생각하는 대로 이루어집니다.

이는 내가 무슨 생각을 하든 그대로 실현된다는 의미가 아닙니다.

---

⑥ 양닥삐쫄와: ཡང་དག་པའི་རྩོལ་བ། 정정진. 바른 노력.

⑦ 양닥삐덴빠: ཡང་དག་པའི་དྲན་པ། 정념. 바른 마음챙김.

⑧ 양닥삐띵에진: ཡང་དག་པའི་ཏིང་ངེ་འཛིན། 정정. 바른 사마디.

생각만 해도 즉시 실현된다면 너무 간단하지 않을까요? (만일 그러하다면) '일체지를 얻게 하소서'라는 생각을 하면 일체지를 얻을 것이고, '모든 중생이 붓다의 경지를 얻게 하소서'라고 생각하는 순간 모든 것이 실현될 테지요.

그렇다면 실제로 어떤 의미일까요?

법과 관련된 일은 어떤 것이라도 큰 어려움이나 충돌 없이 원활하게 성취될 수 있도록 길운을 준다는 의미입니다. 길운을 준다는 의미는, 귀의심을 통해 많은 공덕을 쌓을 수 있으며 이러한 공덕들이 자신의 목표를 이루는 과정에서 생길 수 있는 장애에서 벗어나게 해 준다는 것입니다.

긍정적인 조건을 강화하고 부정적인 조건을 제거하는 과정을 통해 결과를 빠르게 달성할 수 있도록 도움을 주기 때문에, 좋은 결과를 얻을 수 있도록 길운을 터 준다고 하는 것입니다.

여덟 번째, 속히 붓다의 경지를 이루게 합니다.

붓다의 경지를 이루는 여정은 길의 시작점에 해당하는 수행의 기초에서 출발합니다. 이러한 기초적인 수행의 핵심이 바로 삼귀의에 해당합니다.

삼귀의가 속히 붓다를 이루게 한다는 것은 삼귀의만으로 붓다의 경지를 이룰 수 있다는 의미가 아닙니다.

삼귀의가 기반이 되고 그 위에 '방편'인 보리심(장춥기쎔)93과 '지혜'인 공성의 통찰을 함께 닦는 수행을 실천함으로써 궁극적으로 붓다의 경지에 도달할 수 있다는 의미입니다.

지금까지 말씀드린 내용은 '귀의를 통해 얻을 수 있는 여덟 가지 이익'에 관한 것입니다.

2) 삼귀의 수행에 매우 중요한 게송

여덟 가지 중에서 세 번째로 말씀드렸던 '이전에 지은 업장이 정화된다는 것'과 다섯 번째인 '악도에 떨어지지 않는 것' 그리고 마지막 여덟 번째인 '붓다의 경지를 이루게 된다는 것' 이 세 가지 항목은 상식적으로 이해하기 어려운 측면이 있습니다.

사실, 많은 분이 이 내용을 이해하기 어려워합니다.

그러나 이해가 안 된다고 해서 이를 어렵게 여길 필요

---

93 장춥기쎔: བྱང་ཆུབ་ཀྱི་སེམས། 보리심. 깨달음의 마음. The Mind of Enlightenment, Altruistic Mind, 보디찟따.

는 없습니다.

귀의심으로써 업이 정화되고 악도에서 벗어나며 궁극적으로 붓다의 경지에 이를 수 있다는 것을 백 퍼센트 장담할 수 있습니다.

그 이유를 앞서 설명드린 쫑카빠 대사의 말씀을 통해 조금 더 깊이 이해할 수 있을 것입니다.

"죽은 뒤에 악도에 태어나지 않으리라는 보장이 없고,
그러한 두려움에서 구제하는 이 삼보임이 확실하니,
그러한 이유로 귀의하는 것은 매우 견고한 귀의심이네.
귀의의 지침(학처)을 기울지 않게 하라.
그 (학처) 또한 선업과 악업의 인과의 이치를
바르게 사유하여 취하고 버리는 그러한 체계(도리)를
법답게 실천(수행)함에 달려 있다네."

위 게송(칙제)은 삼귀의 수행에서 매우 중요한 내용을 담고 있습니다.

매일 이 게송을 읽고 그 의미를 사유하며 수행하고 명상한다면 짧은 분량임에도 불구하고 참된 삼귀의심을 일으키는 데 큰 도움이 될 것입니다.

171

"죽은 뒤에 악도에 태어나지 않으리라는 보장이 없고,
그러한 두려움에서 구제하는 이 삼보임이 확실하니"

우리가 죽고 나서 악도에 태어나지 않는다는 사실에 대해 조금도 확신할 수 없기에 누구나 두렵고 무서운 감정을 느낄 수밖에 없습니다.

이러한 두려움이 생겼을 때, 나를 두려움에서 구제해 줄 삼보에 대해 깊은 신뢰가 생기게 됩니다.

이와 같은 이치는 거듭 말씀드렸듯이, 환자와 의사의 비유를 통해서 쉽게 이해할 수 있습니다.

목숨이 위태로운 위중한 병에 걸린 환자는 병으로 인한 끔찍한 두려움과 함께 자신을 진료하는 의사에 대한 확고한 신뢰가 있을 수 있습니다. 그때 환자가 모든 것을 바쳐서 의사에게 의지하듯이 우리도 그와 같이 삼보를 믿고 의지해야 합니다.

우리를 악도에 빠지는 두려움으로부터 구제할 수 있는 능력을 갖추신 분은 오직 삼보뿐이라는 것은 분명한 사실입니다.

"그러한 이유로 귀의하는 것은 매우 견고한 귀의심이네."

'그러한 이유'란 '스스로 두려움을 가지는 것'과 '두려움에서 구제할 이가 삼보뿐이라는 확신'을 말하며, 이러한 두 가지 이유로써 삼보께 귀의하는 굳은 귀의심을 일으켜야 합니다.

"귀의의 지침(학처)을 기울지 않게 하라."

또한 굳건한 귀의심을 기반으로 귀의한 이가 실천해야 할 학처들이 기울지 않도록 바르게 닦아 나가야 합니다. 지침(학처)이란 앞서 언급한 '고유한 여섯 가지 지침'과 '공통된 다섯 가지 지침'을 말합니다.

그 (학처) 또한 선업과 악업의 인과의 이치를
바르게 사유하여 취하고 버리는 그러한 체계(도리)를
법답게 실천(수행)함에 달려 있다네."

선업의 인과는 선과 그 과보인 즐거움을 의미하며, 악업의 인과는 불선과 그 과보인 괴로움을 의미합니다. 이러한 원리를 바르게 사유하여 악업의 인과를 버리고 선업의 인과는 취하는 방편을 우리 스스로 노력해서 해야 합니다.

[대중에게 질문]

❖ 노르부: 방금 전, 이 게송(칙제)을 잘 이해하면 '귀의심을 통해 이전에 지은 업장이 정화되고 악도에 떨어지지 않으며, 붓다의 경지를 이루는 것'을 이해하는 데 도움이 될 것이라고 말씀드렸는데요. 제 설명을 들을 때 의심이 사라졌는지요? 아니면 여전히 의문이 남아 있는지 스스로 살펴보시고 말씀해 주시기 바랍니다.

❖ 대중: 내용을 이해는 하는데요. 이것을 얼마만큼 실천하는지에 달려 있다고 생각합니다.

❖ 통역: 귀의심을 통해 다음 생에 악도에 떨어지지 않고 붓다의 경지를 이루며, 선업이 크게 늘어나고 악업이 소멸된다는 내용은 실제로 우리 눈으로 확인되지 않기 때문에 충분히 의구심이 들 수 있습니다. 그리고 그러한 의문에 대한 답이 위 게송에 담겨 있다고 스님께서 설명하신 것입니다. 여러분도 그렇게 생각하는지, 아니면 다르게 느끼는지를 스님께서 여러분에게 물어보는 것입니다. 이 게송을 통해서 확신이 드는지요? 그런 의심이 제거 되는지요?

❖ 노르부: 지금까지 이러한 의심을 품을 필요가 없는 이유에 대해서 설명드렸습니다. 핵심은 환자와 의사의 비유를 통해 귀의심을 이해해야 한다는 것입니다.

3) 환자와 의사의 비유

자신의 병에 대한 극심한 공포에 사로잡혀 있는 환자가 자신의 병을 치료해 줄 수 있는 의사를 만나게 되면, 그 의사를 전적으로 믿고 의지하게 됩니다. 의사가 하는 모든 말을 믿고 따르며, 자신의 모든 것을 바칠 마음으로 의지할 것입니다. 설령 목숨을 잃더라도 후회하지 않을 마음으로 오로지 의사에게 매달릴 것입니다.

환자가 의사를 신뢰하게 되면, 의사는 환자의 병을 진단하고 병명과 원인을 분석하여 환자에게 설명할 것입니다. 그리고 병을 치유할 적합한 처방을 내리게 됩니다.

어떤 약을 어떻게 복용해야 하는지, 제한할 음식과 권장할 음식은 무엇인지 등 약의 복용방법 및 식이요법을 지시하면, 환자는 이를 따라 치료 방법을 실천하려고 노력하게 됩니다.

의사의 처방을 엄수하고 지시사항을 빠짐없이 실천하기 위해 최선을 다할 것입니다. 그리고 이러한 실제 노력으로 결국엔, 환자가 그토록 바라던 '병의 치유'를 이루게 될 것입니다.

삼귀의를 이해하는 데 이보다 더 좋은 비유는 없을 것입니다.

환자가 두려움에 사로잡힌 대상이 '병고'이듯이 우리도 지옥, 아귀, 축생 등의 악도의 괴로움에 대한 두려움에 빠져 있습니다.

지옥 중생들이 겪는 추위와 더위의 괴로움, 아귀들이 겪는 배고프고 목마른 괴로움, 축생들이 몽매함으로 인해 겪는 괴로움 등에 대해 깊이 사유하게 되면 그들이 겪는 괴로움에 대해 두려움이 일어나게 됩니다.

이와 같은 두려움은 마치 환자가 병에 대한 극심한 공포에 사로잡혀 있는 상태와 비슷합니다. 환자가 극심한 공포움에서 구원해 줄 의사를 필사적으로 찾아 헤맨 끝에 그러한 의사를 만나게 된 것처럼, 우리도 악도의 괴로움에서 구제해 줄 삼보를 만나게 된 것입니다.

'붓다께 전적으로 의지해서 이 고통에서 벗어나겠다'라는 마음으로 삼보에 대한 깊은 신뢰와 믿음이 생기면 붓다의 말씀 그대로 실천하기 위해 온갖 노력을 다할 것입니다. 귀의한 이가 실천해야 할 지침을 그대로 실천하고 닦아 나갈 것입니다.

지침의 요지는, 괴로움의 과보를 경험하게 하는 악업

은 줄여 나가고 즐거움의 과보를 경험하게 하는 선업은 더욱더 늘려 나가는 것입니다.

이와 같은 이치에 따라 실천해 나아가면 그 결과로 불선의 악업은 소멸되고 선은 늘어나 악도에 떨어지지 않게 되는 것입니다. 이러한 사실에는 의심할 만한 점이 전혀 없습니다.

4) 삼귀의 수행의 핵심

귀의의 이익에 대해서 설명할 때 귀의심만으로 이익을 받는다는 의미가 아닙니다. 귀의심을 일으킨 이가 실천해야 할 지침을 실제 수행함으로써 이익을 받는다는 의미입니다. 어떠한 노력도 하지 않고 귀의하는 마음만으로 이득을 얻을 수는 없습니다.

따라서 실천해야 할 지침을 바르게 이해하고 수행해야만 '귀의의 여덟 가지 이익'을 얻을 수 있다는 사실을 이해해야 합니다.

이와 같은 이해를 토대로 열한 가지 지침을 올바르게 실행하기 위해 정진하고 노력하는 것이 삼귀의 수행의 핵심이라고 할 수 있습니다.

6. 귀의의 공덕

II. 삼귀의 사유하기

지금까지 우리는 삼귀의(깝쑴)를 여섯 가지 항목으로 구분해서 살펴보았습니다.

앞으로 삼귀의에 대해 사유할 때마다 이 여섯 가지 항목을 중심으로 생각할 수 있다면 큰 도움이 될 것으로 생각합니다.

처음 말씀드린 내용이 귀의의 원인입니다.

두 번째로, 귀의하는 대상이 어떤 분인지에 대해 설명드렸습니다.

세 번째로 귀의하는 방식에 대해 말씀드렸습니다.

네 번째는, 삼보(꼰촉쑴)께서 우리를 구제하는 방식에 대한 내용입니다.

다섯 번째는, 귀의한 이가 실천해야 할 지침에 대한 내용이었습니다.

여섯 번째가 오늘 마지막으로 배운, 귀의를 했을 때 얻을 수 있는 여덟 가지 이익에 대한 내용입니다.

이렇게 여섯 가지 항목을 중심으로 사유하면 귀의심을 일으키는 데 큰 도움이 될 수 있습니다.

이 가운데 두 번째 항목에 해당하는 '귀의의 대상'에 대해서 사유할 때 삼보께서 어떤 분이신지 떠올릴 수 있어야 합니다.

1. 귀의 대상 보충설명

1) 붓다는 어떠한 분인가

귀의의 대상에 대한 내용을 조금 보충하겠습니다.

삼보(꼰촉쑴)라고 했을 때, 가장 먼저 불보(상계꼰촉)에 해당하는 붓다(상계 쫌덴데)께서 어떠한 분이신지 잘 알고 있어야 합니다.

'자신의 이로움(자리)과 남의 이로움(타리)를 모두 갖추신 귀의처'를 붓다의 정의라고 할 수 있습니다.

붓다께서 어떤 분인지를 사유할 때 자신의 이로움과 남의 이로움을 완성(구경)의 경지로 완성한 분이라는 것을 떠올릴 수 있어야 하며, 완성된 경지의 '자신의 이로움'(자리)과 '남의 이로움'(타리)이 어떠한 것인지도 생각할 수 있다면 그것만으로도 큰 공덕을 쌓을 수 있습니다.

(1) 붓다의 32상 80종호(첸상)[94]

붓다의 몸과 말씀과 마음의 공덕은 헤아릴 수 없이 많습니다.

미륵보살의 『현관장엄론』에서는 붓다 몸의 공덕에 대해 32상 80종호로 설명하고 있습니다. 그중 한 가지를 설명드린다면, 붓다의 손바닥과 발바닥에는 법륜의 무늬가 있습니다.

이 하나의 상호를 갖추기 위해서 얼마만큼의 복덕이 필요할까요? 매우 광대하고 헤아릴 수 없이 많은 복덕을 쌓아야 합니다.

일반적으로, 이 세간에 존재하는 모든 사람들의 선업을 모두 모아도 붓다 몸에 있는 털 하나를 완성할 수 있

---

94 첸상: མཚན་དཔེ་བཟང་། 종호. 부처님 몸의 세부적인 특징. Minor Marks.

는 공덕밖에 되지 않는다고 합니다.

우리가 지금까지 쌓은 모든 선업과 공덕을 모아도 붓다의 몸에 있는 털 하나밖에 갖출 수 없다고 한다면 붓다 몸에 있는 모든 털을 완성하기 위해서는 얼마나 많은 공덕이 필요한지는 감히 상상할 수도 없을 것입니다.

이와 같이 헤아릴 수 없이 많은 복덕을 갖추어야만 비로소 80종호 가운데 하나에 해당하는 '붓다의 털'이라는 종호를 갖추게 됩니다.

그리고 32상 중에 하나에 해당하는 '붓다의 손바닥에 있는 법륜의 무늬'를 갖추기 위해서는 80종호 모두를 이룰 만큼의 복덕을 지녀야만 합니다. 그만큼의 복덕을 쌓아야 비로소 32상 중 하나의 상호를 모두 갖출 수가 있는 것입니다.

32상 중에 가장 갖추기 어려운 상호가 바로 붓다의 말씀(범음)입니다.

방금 전, 하나의 상호를 구족하기 위해서 광대하고 헤아릴 수 없이 많은 공덕을 쌓아야만 한다고 말하지 않았습니까? '붓다의 범음'의 상호를 갖추기 위해서는 32상 모두를 갖출 수 있는 공덕의 수천 배에 해당하는 공덕이 필요하다고 합니다.

미륵(제쭌잠빠) 논사의 『보성론』에서는 붓다의 경지에

서 갖추어야 할 32상 80종호라는 뛰어난 용모를 갖추기 위해서 끊임없이 공덕을 쌓아야만 한다고 설명하고 있습니다.

우리는 궁극적으로 붓다의 경지에 가야 합니다. 그렇기 때문에 우리도 붓다께서 갖춘 용모를 완성해 나아가야 하고 이를 위해 헤아릴 수 없이 많은 복덕을 쌓아야만 합니다.

그렇기 때문에 붓다 몸의 공덕에는 우리가 헤아릴 수 없을 만큼의 많은 업적과 덕이 있다는 사실을 이해할 수 있습니다.

2) 붓다 말씀의 공덕(묘음)

다음으로 붓다 말씀의 공덕에 대해서 설명드리겠습니다.

붓다 말씀의 공덕은 32상 가운데서도 가장 고귀하고 중요하게 여기는 상호입니다.

붓다께서 중생의 뜻을 완성하기 위해 행하는 모든 행적은 말씀을 통해서 이루어지는 것들입니다. 중생들을 가장 이롭게 하는 행위가 바로 말씀의 행적입니다.

샤까무니 붓다의 일생을 티베트에서는 열두 가지 행적으로 구분합니다. 한국에서는 여덟 가지(팔상도)로 설명한다고 알고 있습니다. 붓다의 행적 가운데 가장 고귀하고 훌륭한 행적을 '법을 설한 행적'이라고 여깁니다.

우리가 오늘 이와 같은 설법의 자리를 마련하여 선업과 악업의 이치, 그리고 취하고 버려야 할 도리 등에 대해 공부할 수 있는 것도 붓다께서 가르침을 베푼 행적을 남기셨기에 가능한 것입니다.

그렇기 때문에 우리가 붓다의 은혜를 기억하고자 한다면, 붓다의 말씀의 행을 가장 훌륭하고 고귀한 행적으로 여겨서 은혜를 기억하는 것이 최고의 방법일 것입니다.

만약에 세간에 있는 모든 중생 각각이 자신의 생각대로 붓다께 질문을 올린다고 한다면, 붓다께서는 그 중생 모두의 근기와 생각에 알맞은 답을 동시에 할 수 있는 능력을 갖고 계십니다.

붓다의 말씀에는 60가지 묘음의 특징이 있습니다. 『문수보살(잠뺄양) 기도문』에는 '60가지 말씀의 공덕을 지니신 묘음 문수보살'이라는 표현으로 문수보살을 찬탄하는 구절이 있습니다. 붓다 말씀의 공덕은 60가지 묘음의 특징을 지닙니다.

제7대 달라이 라마는 『문수보살 찬탄문』[95]에서 『비밀

---

95 『문수보살 찬탄문』: ༄༄འཇམ་དཔངས་མཉེས་པར་བྱེད་པའི་བསྟོད་སྤྲིན་རྒྱ་མཚོ།

잠장녜빠르제뻬뙤띤갸초. 제7대 달라이 라마 깔상갸초(བསྐལ་བཟང་རྒྱ་

스러운 무량교경』⁹⁶의 내용을 인용하여 '묘음'의 64가지
공덕을 설명하고 있습니다.

　(1) 제자의 근기와 기질에 맞게 설하는 '유연한 말씀'으
로서 생기지 않은 선은 생기게 하고 이미 생긴 선은 더욱
더 증장시킴
　(2) '부드러운 말씀'
　(3) 두 가지 진실(덴빠니)⁹⁷와 연기법(뗀델)⁹⁸ 등 해탈도
를 향한 정법에 '마음을 기울게 하는 말씀'
　(4) 불완전한 말씀이 아닌, 천신과 성자의 언어와 글로
써 '마음에 와닿게 하는 말씀'

མཚོ། 1708~1757)의 저술.

96 『비밀스러운 무량교경』: 『གསང་བ་བསམ་གྱིས་མི་ཁྱབ་པའི་མདོ།』 쌍와
쌈기미캽뻬도.

97 덴빠니: བདེན་པ་གཉིས། 이제. 두 가지 진실. 속제(관습적 진실)와 진제(
궁극적 진실)가 있다. 전자는 관습적인 현상을 뜻하고 후자는 궁극적
인 현상 즉 공성을 뜻한다.
　① 꾼좁덴빠: ཀུན་རྫོབ་བདེན་པ། 속제. 관습적 진실. The Conventional
Truth.
　② 돈담덴빠: དོན་དམ་བདེན་པ། 진제. 궁극적 진실. Ultimate Truth.

98 뗀델: རྟེན་འབྲེལ། 연기법. 의지하고 관련해서 생기는 법.

(5) 현상계 모두를 살피는 지혜로부터 생겨난 '청정한 말씀'

(6) 모든 번뇌를 제거한 '티끌 없는 말씀'

(7) 세상에 알려진 용어와 문구로 말씀하는 '정광명(외쎌기쎔)99의 말씀'

(8) 아트만(닥)100 설 따위의 삿된 견해 모두를 제거하게 하는 공덕을 지닌 '듣기 좋은 미묘한 말씀'

(9) 말씀 그대로 수행함으로써 윤회에서 벗어나게 하기에 '들어야 할 가치가 있는 말씀'

(10) 외도들이 제압하지 못하고 반박할 수 없는 '침해하지 못하는 말씀'

(11) 법을 듣는 이의 마음을 기쁘게 하기에 '듣기 좋은 말씀'

(12) 세 가지 독(탐, 진, 치)의 대치법(해독제)을 설하심으로써 번뇌를 다스리게 하는 '조복의 말씀'

(13) 붓다의 양 극단에서 벗어난 중도의 가르침은 이번 생에서 고행의 노고에서 벗어나게 할 뿐만 아니라 다음 생도 이롭게 하는 쉬운 방편이기에 '거칠지 않은 말씀'

---

99 외쎌기쎔: འོད་གསལ་གྱི་སེམས། 정광명. 가장 미세한 마음을 뜻한다.
100 닥: བདག 아트만.

1. 귀의 대상 보충설명

(14) 해탈을 얻게 하는 방편을 설하기에 '나쁜 언설이 없는 말씀'

(15) 모든 종성(캄당뫼빠)[101]의 제자들 각각에 적합한 교화방식을 설하기에 '훌륭하게 조복시키는 말씀'

(16) 붓다의 말씀이 매우 부드러워 듣는 이의 마음이 다른 곳으로 향하지 않고 집중하게 하는 '귀를 기울이게 하는 좋은 말씀'

(17) 붓다의 말씀을 들으면 평정심과 삼매를 얻게 되고 그 힘으로 몸의 경안을 얻어 몸이 편안함을 느끼기에 '몸을 편안하게 하는 말씀'

(18) 불교의 가르침에 정통한 지혜를 닦아 나아가 위빠사나(학통)가 발생하고 위빠사나로써 무명(몽빠마릭빠)[102]에서 벗어난 뛰어난 지혜의 환희심을 일으키기에 '마음을 흡족하게 하는 말씀'

(19) 붓다의 말씀에 의해 의심 모두를 끊게 되기에 의

---

101 캄당뫼빠: ཁམས་དང་སོས་པ། 종성. 씨앗. Seed.

102 몽빠마릭빠: མོངས་པ་མ་རིག་པ། 무명. 옛 경전에서 시적으로 표현하기를 '빛이 없는 것'이라 하였다. 빛으로 모든 것을 볼 수 있고 지혜가 생기면 다 깨달을 수 있는데, 지혜가 없는 상태가 바로 무명이다. Ignorance.

심의 불안함을 제거하는 '마음을 기쁘게 하는 말씀'

(20) 실상의 가르침을 잘 설한 위력으로 모든 법에 대한 무명을 제거하여 알게 하기에 '기쁨을 일으키는 말씀'이며 진제(궁극적 진실)와 속제(관습적 진실)의 이치를 사실 그대로 설함으로써 분별망상과 삿된 견해를 제거하고 바른 견해로 이끌기에 '즐거움을 일으키는 말씀'

(21) 붓다의 말씀을 듣고 사유하고 닦으면(문사수) 궁극적으로 말씀 그대로의 과위를 얻고 실상을 직시하는 깨달음을 이루게 되어 당신의 말을 듣는 이에게 '쓸모 없었다'라는 후회의 괴로움(낙담)을 일으키지 않기에 '근심 없는 말씀'

(22) 붓다의 말씀을 듣고 사유하고 닦음으로써 최고의 지혜가 원만하게 모두 갖춰지기에 '모든 것을 아는 말씀'

(23) 들은 내용을 네 가지 도리(릭빠시)[103]로써 사유하

---

103 릭빠시: རིགས་པ་བཞི། 네 가지 도리 The Four Principles of Reasoning.

　① 최니끼릭빠: ཆོས་ཉིད་ཀྱི་རིགས་པ། 관대도리. 의존하는 도리. The Principle of Nature.

　② 자와제삐릭빠: བྱ་བ་བྱེད་པའི་རིགས་པ། 작용도리. 작용하는 도리. The Principle of Function.

　③ 뙤삐릭빠: སྒྲུབས་པའི་རིགས་པ། 증성도리. 합리적인 도리. The Princi-

면 더 늘어남을 제거하고, 사유함을 통해 지혜를 이루는 (사소성혜)를 원만하게 일으키는 원인이 되기에 '잘 이해되는(요해) 말씀'

(24) 숨기는 말씀이 없기에 '환한(양명) 말씀'

(25) 말씀에 따라 예류향(흐름에 들어선 경지)의 성자가 번뇌를 제거하여 열반을 얻고 보살은 붓다의 경지에 올라 자신의 이로움의 과보를 이루게 하기에 '기쁘게 하는 말씀'

(26) 도에 들어서지 않은 평범한 이들도 자신의 바람을 이루기 위해 붓다의 말씀에 입문하려는 열망을 일으키기에 '매우 기쁘게 하는 말씀'

(27) 업의 이치는 헤아리기 어렵고, 사마디(띵에진)의 대상 역시 헤아리기 어려우며 붓다 지혜의 대상 또한 헤아릴 수 없이 많고, 기도와 진언의 힘이 헤아릴 수 없이 많기에 이러한 네 가지 헤아릴 수 없이 많은 가르침을 설하는 '전부를 알게 하는 말씀'

---

ple of Dependence.

④ 퇴둡끼릭빠: འཐད་སྒྲུབ་ཀྱི་རིགས་པ། 법이도리. 법이 그러한 도리.

The Principle of Evidence.

(28) 오온, 열두 가지 생기는 문(꼐체추니)¹⁰⁴, 열여덟 가지 경계(캄쪼계)¹⁰⁵, 여섯 가지 빠라미따(파르친둑)¹⁰⁶

---

104 꼐체추니: སྐྱེ་མཆེད་བཅུ་གཉིས། 십이처. 열두 가지 생기는 문: 티베트 어로 꼐체(꼐싱체삐고). 꼐싱은 '생기고'라는, 뜻이고 체빠는 '발달되 다'라는 뜻이고 '고'는 '문'을 뜻한다. 즉 '생기고 발달하게 하는 문'이 라는 뜻이다. 십이처는 ① 눈·귀·코·혀·몸·의식 등 '여섯 기관' ② 물질·소리·냄새·맛·감촉·현상이라는 '여섯 대상'을 말한다. 눈 등 여섯 기관과 물질 등 '여섯 대상'을 만나서 눈의 의식, 귀의 의식, 코 의 의식, 혀의 의식, 몸의 의식, 마음의 의식 등 여섯 의식이 생긴다. 여섯 기관과 여섯 대상들 열두 가지를 통해서 여섯 의식이 생기기 때문에 그 열두 가지를 십이 처, 즉 '열두 가지 생기는 문'이라고 한 다. The Twelve Sources.

105 캄쪼계: ཁམས་བཅོ་བརྒྱད། 십팔계. 열여덟 가지 경계.

① 여섯 가지 감각기관(육근): 눈, 귀, 코, 혀, 몸, 의식.

② 여섯 가지 대상(육경): 물질(색), 소리(성), 냄새(향), 맛(미), 감촉(촉), 현상(법).

③ 여섯 가지 의식(육식): 눈의 의식(안식), 귀의 의식(이식), 코의 의식 (비식), 혀의 의식(설식), 몸의 의식(신식), 마음의 의식(의식).

106 파르친둑: ཕར་ཕྱིན་དྲུག 육바라밀. 여섯 가지 빠라미따. The Six Perfections.

① 진뻬파르친: སྦྱིན་པའི་ཕར་ཕྱིན། 보시. 완전한 베풂.

② 출팀파르친: ཚུལ་ཁྲིམས་ཕར་ཕྱིན། 지계. 완전한 도덕.

③ 쇠뻬파르친: བཟོད་པའི་ཕར་ཕྱིན། 인욕. 완전한 끈기.

④ 쫀뒤파르친: བརྩོན་འགྲུས་ཕར་ཕྱིན། 정진. 완전한 노력.

1. 귀의 대상 보충설명

등 사유의 대상이 되는 법을 바르게 보여 주시기에 '깨달아 알게 하는 말씀'

(29) 가르침의 내용이 현량(직관적 인식)과 비량(경험적 인식) 전후의 맥락, 직간접적인 내용이 모순되지 않는 적합한 가르침이기에 '합리적인 말씀'

(30) 성문승에게 대승의 가르침을 설하는 등 상대의 근기에 맞춰 꼭 필요한 가르침을 설하기에 근기에 부합하는 '상관성이 있는 말씀'

(31) 하나의 의미를 수많은 용어로 동시에 설명하여 가르침이 중복되는 것처럼 보이지만 각각의 말씀에 그에 맞는 이유와 목적이 있기에 '중복의 허물이 없는 말씀'

(32) 사자의 우렁찬 울부짖음이 모든 짐승을 압도하듯이 붓다의 위력과 무아를 설하는 음성은 외도들을 두렵게 하기에 '사자후의 말씀'

(33) 하늘 코끼리의 음성과 같이 붓다의 음성은 목이 메이거나 쉬지 않는 '청량한 음성'

(34) 하늘의 용의 음성이 다른 소리에 비해 매우 깊고 성량이 풍부하듯이, 붓다의 말씀도 이와 같아서 멀리 있

---

⑤ 삼뗀빠르친: བསམ་གཏན་པར་ཕྱིན། 선정. 완전한 선정.

⑥ 셰랍빠르친: ཤེས་རབ་པར་ཕྱིན། 반야바라밀. 완전한 지혜.

거나 가까운 이가 들어도 똑같은 크기로 알맞게 들리니 그 위엄과 깊이를 헤아릴 수 없기에 '용의 음성과 같은 말씀'

(35) 용들 가운데 용왕의 말이 아름답고 고귀하여 모든 용이 들을 수 있듯이 붓다의 말씀 또한 아름답고 고귀하여 중생 모두가 들을 수 있게 하니 용들의 왕과 같은 '용왕의 음성'

(36) 중생 가운데 최고로 아름다운 소리와 듣기 좋은 소리를 지닌 건달바의 음성처럼 붓다의 말씀의 음성은 듣기가 좋고 부드러우니 '건달바의 음성'

(37) 까라삥까[107]의 소리가 흐름이 끊어지지 않고 다채롭게 이어지듯이 붓다의 음성도 끊어짐 없이 듣는 이의 근기에 맞게 다른 음성으로 변화되어 들리기에 '까라삥까의 음성'

(38) 범천[108]의 음성이 짧게 끊어지지 않고 오랫동안 울리듯이 붓다의 음성도 오랫동안 먼 곳까지 선명하게 울리기에 '범천의 음성'(범음梵音)

(39) 중생의 뜻을 이루길 열망하는 이가 금시조의 소리

---

107 까라삥까: ཀ་ལ་པིང་ཀ 가릉빈가(새). Kalaviṅka.
108 창빠첸뽀: ཚངས་པ་ཆེན་པོ 범천. 브라흐마.

1. 귀의 대상 보충설명

를 듣게 되는 것을 모든 뜻이 성취되는 완벽한 길조로 여기듯이, 붓다의 말씀도 세간과 출세간의 모든 뜻을 이루게 하는 길조이기에 '금시조의 음성'

(40) 천왕의 말을 일반 천신들이 조금도 벗어나거나 거역할 수 없듯이 붓다의 말씀은 세간 중생 모두가 초월하거나 거역할 수 없기에 '천왕의 음성과 같은 말씀'

(41) 전쟁터에서 승리를 쟁취하게 되면 그 상징으로 북소리를 울리듯이 붓다께서 마구니와 외도들을 조복시켜 처음으로 초전법륜의 말씀을 전하였기에 '북의 음성'

(42) 붓다의 설법에 대해 다른 이들이 훌륭하다고 찬탄하더라도 이로 인한 마음의 번뇌가 없으니 '거만하지 않은 말씀'

(43) 붓다의 설법에 대해 다른 이들이 비방하더라도 이로 인해 위축되지 않으니 '굽히지 않는 말씀'

(44) 붓다께서 예언한 성문과 보살과 왕들의 미래가 '한 치의 오차 없이 현실에서 이루어지는 말씀'

(45) 붓다는 수고롭게 여겨 해야 할 말을 하지 않거나 빠뜨리는 부분이 결코 없으니 '불완전함이 없는 말씀'

(46) 중생의 선근이 생기지 않은 것은 생기게 하고 생긴 것은 더욱 늘어나게 하며, 늘어난 것은 해탈의 가르침으로 이끄는 행이 한순간도 벗어남 없이 항상 행하기에

'뒤늦음이 없는 말씀'

(47) 법을 설할 때 외도들이 뛰어넘지 못한다고 생각하는 '두려움 없음'(무외심)이 있기에 '위축되지 않는 말씀'

(48) 가사 등의 물건과 칭찬, 비난 등에 집착함이 없으니 '집착이 없는 말씀'

(49) 어떤 법을 설해도 마음이 힘들거나 몸이 불편한 피로함이 없으니 '매우 즐거운 말씀'

(50) 세상 모든 학문에 정통하여 이와 관련된 법을 설하니 '널리 퍼지는 말씀'

(51) 모든 중생의 모든 뜻을 이루게 하려는 굳건함을 지니고 분노가 없는 중생들의 선근을 늘리며 성장시키시니 '통달한 말씀'

(52) 어떤 때는 법을 설하고 어떤 때는 법을 설하지 않겠다는 생각이 없어 항상 설법의 흐름이 지속되고 말씀이 중간에 끊기지 않고 이어지기에 '지속적인 말씀'

(53) 설법 때 글자와 이름, 명칭을 단일하지 않게 다양한 표현으로 설하기에 '연결된 말씀'

(54) 붓다께서 한 번 말씀을 하셔도 하늘과 용, 그리고 사람과 가축, 아귀 등이 각각의 언어에 맞게 이해할 수 있기에 '모든 언어를 모두 갖춘 말씀'

(55) 무상함 등의 하나의 의미를 설해도 중생들 각각의

신심의 정도에 맞게 이해시키기에 '근기에 따라 적합하게 설하는 말씀'

(56) 선언한 바에서 벗어나지 않고 '선언이 틀렸다'고 다른 이가 모함하지 않기에 '폄하 없는 말씀'

(57) 언제 어디서든 중생을 성숙하게 하는 시기를 만나게 되면 한 찰나조차도 흔들림 없이 행하기에 '변함없는 말씀'

(58) 법을 설하심에 부주의하여 '조급하거나 서두름이 없는 말씀'

(59) 붓다의 음성은 멀고 가까운 차이가 없이 윤회의 모든 장소에서 바로 앞에서 말씀하듯 들리기에 '윤회의 모든 곳에 울리는 말씀'

(60) 붓다 말씀의 위력으로 탐착의 뿌리를 멸하게 되기에 '탐착을 멸하는 말씀'

(61) 붓다 말씀의 위력으로 분노의 뿌리를 멸하게 되기에 '분노를 멸하는 말씀'

(62) 붓다 말씀의 위력으로 어리석음의 뿌리를 멸하게 되기에 '어리석음을 멸하는 말씀'

(63) 가르침을 실천하심으로써 마구니 넷이 조복하게 되기에 '마구니를 소멸하는 말씀'

(64) 법을 설하실 때 세상에 알려진 다양한 현상을 예

로 들어 설명하기에 '최고의 모든 모습을 지닌 말씀'

이 가운데 몇 가지를 설명드리겠습니다.

붓다의 말씀은 매우 값비싸고 성능이 뛰어난 스피커와 유사합니다. 성능이 뛰어난 스피커는 근처에 있든 멀리 있든 상관없이 뛰어난 음질을 제공할 것입니다. 성능이 우수하기 때문에 멀리까지 소리가 명확하게 전달될 수 있습니다.

붓다의 말씀도 거리에 상관없이 명확한 소리로 전달되는 특징이 있습니다. 가까이에서 듣는 이에게도 좋은 음성으로 들리고 아무리 멀리서 들어도 음성이 명확하게 들리는 특징을 지니고 있습니다.

우리 같은 평범한 이가 법회를 할 때 마이크를 사용하지 않는다면 멀리 있는 이에게 소리가 전달되지 않을 것입니다. 반면, 멀리 있는 대중을 위해 큰소리로 말하게 되면 가까이에 있는 사람들이 귀가 따가울 수 있는 불편한 상황이 발생할 수 있습니다.

하지만 붓다의 목소리에는 그러한 흠결이 없습니다.

붓다의 음성은 대중이 수백 혹은 수만 명이 있더라도 거리에 상관없이 모든 이에게 붓다 본연의 음성 그대로

1. 귀의 대상 보충설명

가 선명하고 편안하게 들리는 특징을 지니고 있습니다.

붓다의 음성은 누구에게나 매우 아름답고 듣기 좋은 소리로 들립니다.

그리고 붓다께서 사용하는 용어와 구절은 매우 온화하고 부드럽다는 특징이 있습니다.

또한 붓다의 말씀은 듣는 이의 상황에 매우 적합하고 쉽게 이해할 수 있다는 특징이 있습니다.

또한 붓다의 음성은 소리가 분명하고 명확하다는 특징이 있습니다.

붓다의 음성은 매우 부드러워 마음이 저절로 끌리게 되는 미묘한 특징을 지니고 있습니다.

시간 관계상 이 정도만 설명하겠습니다.

3) 붓다 마음의 공덕 세 가지

이제, 가장 중요한 부분인 붓다 마음의 공덕이 남아 있습니다.

붓다 마음의 공덕에는 모든 것을 아는(전지) 공덕, 자비의 공덕, 능력의 공덕, 이 세 가지가 있습니다.

(1) 모든 것을 아는 공덕

붓다의 '모든 것을 아는 공덕'이라는 것은 이 세간에 존재하는 모든 법, 즉 '있는 그대로의 법의 존재성'(직따와)[109]과 '다함이 있는 성질'(직녜빠)[110] 등의 삼라만상을 한 찰나에 통찰하실 수 있는 능력을 의미합니다. 이것을 일체지라고도 합니다.

'있는 그대로의 법의 존재성'(여소유성)과 '다함이 있는 성질'(진소유성) 혹은 진제(궁극적 진실)와 속제(관습적 진실)를 한 찰나에 '직관적 의식'(현량)으로 통찰하고 지각할 수 있는 분은 오직 붓다뿐입니다.

(2) 자비의 공덕

그다음에 자비의 공덕에 대해서 말씀드리겠습니다.

'자비의 공덕'이라는 것은, 우리가 업과 번뇌의 힘으로 묶여 있듯이 붓다께서는 자애와 연민의 힘에 의해 묶여 있다는 것입니다.

붓다께서는 오로지 자애와 연민의 마음이 가득하여 이

---

109 직따와: ཇི་ལྟ་བ། 여소유성. 있는 그대로의 법의 존재성.
110 직녜빠: ཇི་སྙེད་པ། 진소유성. 다함이 있는 성질. 5온·12처·18계 등의 일체법을 말한다. 후득지, 여량지의 대상이 된다.

1. 귀의 대상 보충설명

힘에 의해서만 움직이기에 허공과 같이 헤아릴 수 없이
많은 중생이 고통을 겪는 모습을 보면 그들의 어려움을
제거하기 위한 모든 방법을 강구하여 도우려 하십니다.

(3) 능력의 공덕

붓다의 '능력의 공덕'에 대해 말하자면, 붓다께서는 중
생들이 갖고 있는 모든 허물과 과오 등의 악행을 끊어 없
앨 수 있는 무한한 힘과 능력을 가지고 계신다는 것을 의
미합니다.

우리는 현생을 위해 희망을 품을 수도 있고, 혹은 다음
생을 기대할 수도 있습니다. 또는 무시 이래의 모든 생을
기대할 수도 있고 혹은 중생 모두를 위해 염원하고 기원
할 수도 있습니다.

우리가 품는 이 모든 희망과 염원의 대상을 오로지 붓
다로 삼고 기도를 한다면 그것은 반드시 이루어질 것입
니다. 이는 붓다께서 매우 위대한 능력을 가지고 계심을
의미합니다

『라마최빠』(스승께 공양) 기도문에 이와 같은 구절이
있습니다.

"나의 스승도 당신이고, 불보살도 당신이며,

우리와 법을 수호해 주는 이담[111]도 당신이고,
세상의 모든 훌륭한 존재와 위대한 능력을 지닌 분은
오로지 붓다뿐이라네."

라고 찬탄하는 내용입니다.

붓다의 훌륭한 공능(功能)이 세상에서 최고이기에 이와 같은 구절로 찬탄하는 것입니다.

또한 티베트에 이런 속담이 있습니다.

"티베트 사람이 천신 백 분에게 기도를 올린다 한들
천신 하나도 그것을 이루지 못하지만
인도인들은 한 분(붓다)께만 기원을 하고 염원해도
천신 백 분이 도와준다네."

티베트인들이 많은 세속 신에게 기도를 하고 염원을 하지만 그런 식으로 올리는 기도로는 자신의 소망이 달성되기 어렵습니다. 소망을 성취시켜 줄 수 있는 능력이 그러한 신들에게 있지 않기 때문에 천신 단 한 분도 도움

---

111 이담: ཡི་དམ། 개인적 본존; 밀교의 가치관에 따라 수행자가 특별한 유대나 관계를 맺고 의지하는 부처와 보살.

199

을 주기 어렵다는 것입니다.

하지만 인도인들은 스승과 이담 등 모든 존재를 오직 붓다 한 분으로 여기고 의지하기에, 이러한 마음으로 올린 기도의 힘으로 실제 스승과 이담 등 모든 불보살께서 도움을 준다는 내용입니다.

여기까지 귀의에 대해서 설명을 드렸습니다. 여러분에게 도움이 되기를 진심으로 바랍니다.

귀의에 관한 모든 내용을 다 말씀드리지는 못했습니다. 실수도 있을 것입니다.

하지만 오늘의 인연이 씨앗이 되어서 더 많은 사유와 수행을 키워 나가고 더 확장시켜 깊이 있는 고찰을 해 나갈 수 있는 의미 있는 시작점이 되기를 기대합니다.

[질의응답: 빨댄 닥빠 스님의 회신]

❖ 노르부: 어제 주지 스님께서 자살 예방을 위해 우리가 무엇을 할 수 있는지 질문을 하셨습니다. 그래서 제 스승인 빨댄 닥빠 큰스님께 여쭙고 답변을 받았습니다.

* * *

❖ **빨댄 닥빠**: 우리가 마음에서 어려움을 느끼고 불행하다고 생각하면서 결국 자살에까지 이르게 되는 현상들은 주로 우리의 마음에서 기인한 문제들입니다.

그러한 마음은 스스로를 옭아매는 자기 중심적인 생각에서 발현됩니다. 어디에 '의지할 필요 없이 자기 스스로 존립할 수 있다는 생각'의 힘을 강화시킴으로써 이러한 마음의 문제들이 생기는 것입니다.

이 같은 마음의 문제들이 생겼을 때에는 자신보다 못한 처지에 있는 다른 사람들의 입장을 살펴보는 것이 매우 중요합니다.

나보다 훨씬 힘든 처지에 있거나 낮은 위치에 있는 사람들의 모습들을 살펴보면서 '나는 그래도 여전히 멀쩡하게 살고 있지 않는가? 왜! 내가 스스로를 힘들게 하는가? 저들은 나보다 더 힘든 상황을 겪고 있는데도 저렇게 잘 버티고 있지 않은가? 나는 왜! 이런 상황에서도 만족하지 못하는가?'라는 마음을 일으켜 스스로를 치유할 수가 있습니다.

그렇기 때문에 내가 힘들 때는 나보다 못한 사람들의 입장을 살펴보고 용기와 힘을 얻으며, 내가 유리하고 이

201

로운 상황에서는 나보다 더 훌륭한 입장에 있는 사람들을 생각함으로써 겸손한 마음을 갖는 것이 매우 중요합니다.

이와 같은 내용은 붓다께서도 말씀하셨습니다. "만약 자신이 큰 부를 축적하거나 아니면 막강한 권력을 가지게 되어 스스로를 위대한 인물로 생각하게 된다면 십이연기(뗀델앤락쭈니)[112]를 통해 윤회의 허물을 생각해야 한다"라는 의미를 담고 있는 말씀입니다.

십이연기를 통해서 윤회의 허물에 대해 사유하면 스스로를 위대한 인물로 여기는 오만함과 교만함이 줄어들게 됩니다.

따라서 아만심이 높아질 때는 나보다 훨씬 뛰어난 인물들을 떠올리면서 교만함을 낮추고, 또한 내가 형편없고 모자란 사람처럼 느껴질 때는 나보다 더 힘든 상황에 있는 사람들의 입장을 살펴서 스스로를 위로하는 마음을 갖는 것이 자신을 치유해 나가는 방법입니다.

---

112 뗀델앤락쭈니: རྟེན་འབྲེལ་ཡན་ལག་བཅུ་གཉིས། 십이연기. 열두 가지의 의존적 생김의 현상. 무명, 행, 식, 명색, 육입, 촉, 수, 애, 취, 유, 생, 노사.

이와 같이 스스로를 다스릴 수 있는 것이 중요하다고 생각됩니다.

제2차 세계대전 때 유대인들이 겪은 핍박과 학살, 또 6.25 전쟁이나 일제시대를 경험한 한국인들이 겪은 일본인들의 강압과 폭정을 떠올려 보거나 그 시대를 살아온 어른들에게 경험담을 여쭈어 보기 바랍니다.

그들은 당시 상황을 지옥과 같이 표현하며 하루하루 끔찍한 고통과 인고의 시간을 견뎌 왔다고 말합니다. 그리고 지금 시대는 천국과 같다고 표현할 것입니다. 지금 사람들은 이렇게 잘살고 있는데도 불평을 한다고 얘기하지 않습니까?

그들의 말은 간혹 구세대 같은 행동으로 폄하되지만 우리가 아무리 어렵고 힘들다 한들 그들이 겪은 고통에 비할 수는 없을 것입니다.

우리가 겪는 마음의 고통은 실체를 지니고 있지 않습니다. 모두 마음에서 만든 것입니다. 그렇기 때문에 마음의 힘으로, 생각의 힘으로 치유도 할 수 있는 것입니다.

나보다 어려운 처지에 있는 사람들이나 동물들의 약육강식의 현장을 떠올리면서 그들의 괴로움을 떠올리거나 도축 당하는 동물들의 고통을 사유하는 것도 도움이 됩니다.

1. 귀의 대상 보충설명

주변의 새들과 곤충들을 살펴보기 바랍니다. 하루하루 먹이를 구하기 위해 목숨을 걸고 고군분투하지 않습니까? 늘 목숨을 담보해야 하는 약육강식의 치열한 현장을 사유하는 것이 내 마음의 고통을 줄이는 데 큰 도움이 될 수 있습니다.

또한 자살을 할 수밖에 없는 위태로운 상황에서 주변인들과 어려움을 나누는 것이 해결책이 될 수 있다고 생각합니다. 시대가 많이 좋아졌기 때문에 고통을 분담한다면 해결하지 못할 일은 사실 없습니다.

주변에 우리를 도와줄 만한 사람들이나 사회적 제도가 존재합니다. 죽음에 이를 정도로 스스로를 내몰지 않고 주변 사람들과 어려움을 나눌 수만 있어도 자살까지 가는 일은 막을 수 있다고 생각됩니다.

아들을 잃은 '끼사 고따미에 관한 이야기'가 있습니다.

끼사 고따미라는 여인은 아들을 잃은 비통한 마음에 샤꺄무니 붓다께 찾아가 자신의 아이를 살려달라고 간청했습니다. 그 여인은 자신의 아이를 살릴 수만 있다면 무슨 방법이든 다 하겠다고 말했습니다.

붓다께서는 "내가 너의 아이를 살려 주겠다. 다만 내가 말하는 대로 그대로 해야 한다. 마을에 가서 사람이 한

명도 죽은 적이 없는 집을 찾아서 겨자씨를 얻어 오너라"
라고 일러 주었습니다.

고따미는 당장 마을로 달려가 집집마다 찾아다니면서 죽은 사람이 없는 집을 찾았지만 그런 집은 없었습니다. 망연자실한 고따미는 문득 깨달았습니다.

"아! 죽지 않는 사람은 없구나. 모두 다 죽음에 이르는구나."

그 순간 그녀는 아이의 죽음에 대한 고통에서 벗어나게 되었습니다.

이 이야기가 말하고 있는 교훈은, 내 마음에 고통이 생겼을 때 이 세상의 참 모습을 살펴볼 수 있다면 고통이 줄어들 수 있다는 것입니다.

고따미는 아들의 죽음이 처음에는 자신만 겪는 고통으로 여겨졌지만 자연의 이치라는 사실을 알게 되자 마음의 고통이 사라진 것입니다.

우리가 고통을 소멸하는 방식도 이와 비슷합니다. 실상을 볼 수 있는 마음의 힘을 통해서 자살을 하게 되는 끔찍한 상황들을 줄여 나갈 수 있지 않을까 생각합니다.

* * *

❖ 노르부: 여기까지가 큰스님께서 말씀해 주신 답변입니다. 티베트에 이런 속담이 있습니다.

"사람이라면 마음의 크기가
궁전과 화살이 들어갈 정도로 커야 한다."

이 속담이 의미하는 바는, 내 마음속에 무엇을 넣든지 간에 다 들어갈 수 있을 정도로 마음의 용량이 커야 한다는 것입니다. 내가 어떠한 어려움을 겪을지라도 그 모든 것을 마음속에 담을 수 있는 두려움 없고 용감한 마음가짐이 필요합니다.

우리는 좋은 일이 생기면 즉시 기뻐하고 힘든 일이 생기면 당장 싫어하는 마음이 생겨서 늘 자신의 마음에 모든 것을 담지 못하지 않습니까?

그렇지 않고 오히려 마음을 담대하고 크게 가져서 어떠한 고통이든지 감내하면서 담을 수 있는 마음가짐을 지닐 수 있다면 도움이 될 것입니다.

2. 마무리 말씀

농담으로 마무리하겠습니다.

한 사람이 복권을 사서 10달러를 걸었는데 1등에 당첨이 되어 수백만 달러를 받게 되었습니다.

만일 당첨된 사람에게 갑자기 "당신이 건 10달러가 1등에 당첨되어서 수백만 달러를 받게 될 것이다"라고 말해 버린다면, 그 사람이 너무나도 기쁘고 흥분하여 기절하거나 죽어 버릴 위험이 있습니다.

그래서 당첨자가 놀라지 않도록 뛰어난 말재주를 지닌 사람을 고용하여 당첨자가 1등이 됐다는 사실을 잘 받아들일 수 있게 얘기를 해 달라고 부탁을 했습니다.

그 사람은 당첨자에게 가서 "당신이 만약에 10만 달러에 당첨됐다면 그것으로 무엇을 하실 건가요?"라고 물었습니다.

당첨자가 "먼저 좋은 집과 좋은 차를 살 겁니다"라고 대답했습니다.

말재주 있는 사람은 당첨금액을 조금씩 늘려 가며 당첨자에게 무엇을 할지 물었습니다. 그리고 마지막으로 질문하길, "당신이 1등에 당첨되어서 수백만 달러를 받는다면 무엇을 할 건가요?"라고 했습니다.

당첨자는 "내가 만약 수백만 달러를 받는다면 당신에게 10만 달러를 주겠습니다"라고 했고, 그 대답을 들은 질문자는 '이제 나는 10만 달러를 받겠구나'라는 생각으로 너무 기뻐서 죽어 버렸다고 합니다.

(대중: 웃음)

이 이야기를 통해서 넓은 마음을 가진 사람과 옹졸한 마음을 가진 사람의 차이가 어떠한지를 알 수 있습니다.

어떤 사람은 수백만 달러를 받는다 해도 담대하게 그 기쁨을 즐기는 사람이 있고, 누구는 10만 달러만 받는다고 해도 너무 좋아서 죽어 버릴 수 있습니다.

넓은 마음을 갖고 있으면 내게 어떠한 어려움이 닥치더라도 받아들이고 수용할 수 있기 때문에 죽음에 이르는 순간까지는 경험하지 않습니다.

3. 회향 기도

어머니와 아버지인 중생 모두가 행복에 머물게 하소서.
삼악도에 모든 중생들이 텅 비고
보살들이 어디에 머무시든지
그들의 모든 원력 속히 이루게 하소서.

[나눔]

❖ 통역: 저희는 이번 법회 기간 동안 매일 법문의 주제와 질의응답 내용을 빨댄 닥빠 큰스님께 말씀드렸습니다. 여러분이 어떤 질문을 했는지를 말씀드리면 큰스님께서 듣고는 여러분이 얼마나 이해하고 있는지를 파악하셨습니다.

보통, 큰스님의 제자인 저희들은 어디에서 무엇을 하는지를 모두 스승님께 보고 드립니다. 구순이 넘는 연세에도 불구하고 당신이 가진 제자들에 대한 애정은 남다르며 지금도 강의를 하고 계십니다.

노르부 스님은 일반적인 제자가 아니라 스님들을 가르치는 교수사입니다.

큰스님 제자 중에 걸출한 교수사가 여러 분 계십니다. 가끔 큰스님께서는 중요하다고 생각되는 내용이 있으면, 갑작스럽게 교수사 제자들에게 질문을 하여 제자들의 생각을 점검하십니다. "여기 이 내용을 너희들은 어떻게 생각하느냐? 생각하고 답을 해 봐라"라고 물어보십니다. 그러면 제자 스님들께서는 깊이 생각을 한 후 대답을 올립니다. 이런 식으로 늘 제자들의 사고를 점검하십니다.

티베트 스님들은 스승을 모실 때 그냥 말로만 스승으

로 삼는 것이 아니라 자신의 모든 생각과 행동, 계획 등을 스승께 말씀드리고 의지합니다.

그렇게 하면 어떤 일을 하든지 스승의 가피와 기도가 함께하고, 스승께서 늘 바른 길로 안내를 해 주시기 때문에 장애 없이 이룰 수 있다고 생각합니다. 스승의 말씀에 의지해서 가면 결코 잘못된 길로 빠질 수가 없습니다.

이처럼 저희들은 빨댄 닥빠 스승께 모든 것을 의지하고 있고 걜와 린뽀체(달라이 라마)와 함께 근본 스승으로 여기며 수행을 하고 있습니다.

티베트 불교의 힘은 이와 같은 스승들의 저력에 의해서 유지됩니다. 많은 훌륭한 어른께서 자리하고 계시기 때문에 법맥이 살아 있는 것이라고 생각합니다.

제자들이 잘못된 선택을 하거나 엉뚱한 짓을 하면 스승님께 엄청난 질책을 받습니다. 저희는 말할 것도 없고 노르부 스님 또한 예외가 없습니다.

한 날, 노르부 스님이 한국에 가실 때 빨댄 닥빠 큰스님께서 한국의 주지 스님께 전하라고 강황과 향 하나를 노르부 스님께 주셨습니다. 그 주지 스님은 큰스님의 제자이고 노스님을 의지해서 공부 중입니다. 그래서 강황과 향을 선물로 보내신 것입니다.

그런데 며칠을 기다려도 노르부 스님이 선물을 전했다

는 연락이 없자 빨댄 닥빠 큰스님께서 노르부 스님을 질책하셨습니다. "네가 볼 때는 비록 작은 하찮은 선물처럼 보이겠지만 이 선물에는 큰 의미가 담겨 있다. 네가 이것을 가볍게 여기고 빨리 전하지 않은 것은 큰 잘못이다"라고 말씀하며 크게 질책하신 거지요.

빨댄 닥빠 스승께서는 제자의 미세한 마음까지 다 살펴보십니다. 많은 제자가 있지만 모든 제자를 챙기십니다. 제자에 대한 사랑과 애정이 깊은 분입니다.

빨댄 닥빠 스승께서는 대뿡 사원뿐만 아니라 티베트 불교 내에서도 명망이 높은 큰스님이십니다. 그럼에도 불구하고 당신의 고향 스님들을 모두 전담하여 살피고 높은 연세에도 불구하고 아직도 강의를 하십니다. 경전뿐 아니라 수행 등 모든 것을 관할하고 계신 분입니다. 큰 책임을 맡은 분이기 때문에 더 엄하게 대하고 더 애정을 주는 것이라고 생각합니다.

부록 # 티베트 기도문

ক্রুন་ཆগས་གསུམ་པ།

균착쑴빠 _ 항상 해야 하는 세 가지

སྟོན་པ་བཅོམ་ལྡན་འདས་དེ་བཞིན་གཤེགས་པ།

뙨빠 쫌덴데 데신쎅빠

설법자, 멸하고 갖추고 벗어난 분, 잘 가는 분

དག་བཅོམ་པ་ཡང་དག་པར་རྫོགས་པའི་སངས་རྒྱས་

다쫌빠 양닥빠르족빼 상계

적(번뇌) 물리치신 분, 지혜와 방편에

부족함 없으신 부처님,

རིག་པ་དང་ཞབས་སུ་ལྡན་པ།

릭빠당 샵쑤덴빠

바른 견해와 보리심 모두 갖추신 분,

བདེ་བར་གཤེགས་པ། འཇིག་རྟེན་མཁྱེན་པ།

데와르쎅빠 직뗀켄빠

걸림 없이 잘 가는 분, 세간을 모두 아는 분

སྐྱེས་བུ་འདུལ་བའི་ཁ་ལོ་བསྒྱུར་བ།

께부둘외 칼로규르와

사람 마음 다스리고 올바른 방향으로 이끄는 분,

བླ་ན་མེད་པ་སྟ་དང་མི་རྣམས་ཀྱི་སྟོན་པ།

라나메빠 하당 미남끼 뙨빠

최고 위 없는 스승, 천신과 인간의 설법자,

སངས་རྒྱས་བཅོམ་ལྡན་འདས་དཔལ་རྒྱལ་བ

상계 쫌덴데 뺄걜와

멸하고 갖추고 벗어난 부처님, 승리자,

ཤཱཀྱ་ཐུབ་པ་ལ་ཕྱག་འཚལ་ལོ། །

샤꺄 툽빨라 착첼로

샤꺄무니, 능력 있는 분의 손에 (몸·마음·말이) 있게 하고

མཆོད་དོ་སྐྱབས་སུ་མཆིའོ། །

최도 꺕수치오

최고로 여기면서 귀의하나이다.

(3회)

གང་ཚེ་ཀར་གཉིས་གཙོ་བོ་ཁྱོད་བལྟམས་ཚེ། །

강체 깡니 쪼오 퀘땀체

두 허벅지를 가지신 당신께서 탄생하실 때

ས་ཆེན་འདི་ལ་གོམ་པ་བདུན་བོར་ནས། །

싸첸 딜라 곰빠 뒌뽀르네

이 큰 땅에 일곱 걸음 걸으시고

ང་ནི་འཛིག་རྟེན་འདི་ན་མཆོག་ཅེས་གསུངས། །

응아니 직뗀 디나 촉제쑹

"나는 이 세상에 최고다" 말씀하신

དེ་ཚེ་མཁས་པ་ཁྱོད་ལ་ཕྱག་འཚལ་ལོ། །

데체 쾨빠 쾰라 착첼로

원만하신 부처님 손에 (몸·마음·말이) 있게 하겠습니다.

རྣམ་དག་སྐུ་མངའ་མཆོག་ཏུ་གཟུགས་བཟང་བ། །

남닥 꿍아 촉뚜 숙쌍와

청청한 몸 갖추신 최고의 모습,

ཡེ་ཤེས་རྒྱ་མཚོ་གསེར་གྱི་ལྷུན་པོ་འདྲ། །

예셰 갸쵸 셰르기 훈뽀다

지혜는 바다와 황금 수미산 같으시며,

གྲགས་པ་འཇིག་རྟེན་གསུམ་ན་ལྷམ་མེ་བ། །

딱빠 직뗀 쏨나 함메와

삼계에 널리 알려지신 구제자,

མགོན་པོ་མཆོག་བརྙེས་ཁྱོད་ལ་ཕྱག་འཚལ་ལོ། །

곤뽀 촉녜 쾰라 착첼로

최상의 성취자, 부처님 손에 (몸·마음·말이)

있게 하겠습니다.

མཚན་མཆོག་ལྡན་པ་དྲི་མེད་ཟླ་བའི་ཞལ། །

첸촉 덴빠 디메 다외셸

최상의 명호 갖추시고, 티없는 달 같은 얼굴,

གསེར་མདོག་འདྲ་བ་ཁྱོད་ལ་ཕྱག་འཚལ་ལོ། །

셰르독 다와 쾰라 착첼로

황금빛 나는 부처님 손에 (몸·마음·말이)
있게 하겠습니다.

རྡུལ་བྲལ་ཁྱོད་འདྲ་སྲིད་པ་གསུམ་མ་མཆིས། །

둘델 쾨다 씨빠 쑴마치

허물에서 벗어난 세존 같은 분 삼계에서 찾을 수 없으며,

མཉམ་མེད་མཁྱེན་ཅན་ཁྱོད་ལ་ཕྱག་འཚལ་ལོ། །

냠메 켼짼 쾰라 착첼로

비할 바 없는 수승한 지혜를 갖추신 부처님 손에
(몸·마음·말이) 있게 하겠습니다.

219

མགོན་པོ་ཐུགས་རྗེ་ཆེ་ལྡན་པ། །

곤뽀 툭제체 덴빠

구제자이고, 자비심을 갖추신 분,

ཐམས་ཅད་མཁྱེན་པས་སྟོན་པ་པོ། །

탐째 켄뻬 뗀빠뽀

모든 것을 아는 설법자,

བསོད་ནམས་ཡོན་ཏན་རྒྱ་མཚོའི་ཞིང་། །

쏘남 욘뗀 갸초싱

복덕과 공덕의 바다인,

དེ་བཞིན་གཤེགས་ལ་ཕྱག་འཚལ་ལོ། །

데신셱라 착첼로

여래 손에 (몸·마음·말이) 있게 하겠습니다.

དག་པས་འདོད་ཆགས་བྲལ་བར་གྱུར། །

닥뻬 되착 델와르규르

청정하기에 탐욕에서 벗어난 것으로 되었고,

དགེ་བས་ངན་སོང་ལས་གྲོལ་ཞིང་། །

게외 응앤송 레돌싱

선하기에 악도에서 해탈하여,

གཅིག་ཏུ་དོན་དམ་མཆོག་གྱུར་པ། །

찍뚜 된담 촉규르빠

가장 수승하고 최고로 되신,

ཞི་གྱུར་ཆོས་ལ་ཕྱག་འཚལ་ལོ། །

시규르 쵤라 착첼로

평화로운 상태인 다르마(진제) 손에 (몸·마음·말이)
있게 하겠습니다.

གྲོལ་ནས་གྲོལ་བའི་ལམ་ཡང་སྟོན། །

돌네 돌외 람양뙨

해탈과 해탈의 길 또한 보여 주시고,

བསླབ་པ་དག་ལ་རབ་ཏུ་གནས། །

랍빠 닥라 랍뚜네

삼학에 항상 머무시며,

ཞིང་གི་དམ་པ་ཡོན་ཏན་ལྡན། །

싱기 담빠 욘뗀뗀

성스러운 공덕의 터전이신,

དགེ་འདུན་ལ་ཡང་ཕྱག་འཚལ་ལོ། །

게둔라양 착첼로

승가에 손에 또한 (몸·마음·말이) 있게 하겠습니다.

སྡིག་པ་ཆི་ཡང་མི་བྱ་ཞིང་། །

딕빠찌양 미자싱

티끌만큼의 악업도 짓지 않고,

དགེ་བ་ཕུན་སུམ་ཚོགས་པར་སྤྱད། །

게외 푼쑴 촉빠르쩨

선업을 원만하게 행하여,

རང་གིས་སེམས་ནི་ཡོངས་སུ་འདུལ། །

랑기쎔니 용쑤둘

자신의 마음을 원만하게 다스리는 것,

འདི་ནི་སངས་རྒྱས་བསྟན་པ་ཡིན། །

데니 상계 뗀빠인

그것이 부처님이 설하신 것이다.

སྐར་མ་རབ་རིབ་མར་མེ་དང་། །

까르마 랍립 마르메당

별똥별, 눈병(헛것), 등불(빨리 없어지는 것)과

སྒྱུ་མ་ཟིལ་པ་ཆུ་བུར་དང་། །

규마 실빠 추부르당

환상, 이슬, 물거품과

རྨི་ལམ་གློག་དང་སྤྲིན་ལྟ་བུ། །

밀람 록당 띤따부

꿈, 번개, 구름처럼

འདུས་བྱས་ཆོས་རྣམས་དེ་ལྟར་བལྟ། །

뒤제 최남 데따르따

원인과 조건을 생기게 하는 모든 현상(유위법)을 그렇게
보아야 한다.

བསོད་ནམས་འདི་ཡིས་ཐམས་ཅད་གཟིགས་པ་ཡི། །

쏘남 디이 탐쩨 식빠이

이 공덕으로 모든 것을 아는

གོ་འཕང་ཐོབ་ནས་སྐྱོན་གྱི་དགྲ་བཏུལ་ཏེ། །

고팡 톱네 꾄기 다뚤데

(붓다의) 경지 얻고, 오류인 적을 다스리면서

རྒ་དང་ན་དང་འཆི་བའི་རླབས་འཁྲུག་པའི། །

가당 나당 치이 랍툭뻬

늙음, 병, 죽음의 파도가 거세게 이는

སྲིད་པའི་མཚོ་ལས་འགྲོ་བ་སྒྲོལ་བར་ཤོག །

씨뻬 춀레 도와 돌와르쇽

윤회의 바다에서 중생을 구제하게 하소서.

མཎྜལ།

만달라 기도

ས་གཞི་སྤོས་ཀྱིས་བྱུགས་ཤིང་མེ་ཏོག་བཀྲམ། །

싸시뾔끼죽싱 미똑땀

향기로운 꽃으로 대지를 덮고 꽃을 뿌렸습니다.

རི་རབ་གླིང་བཞི་ཉི་ཟླས་བརྒྱན་པ་འདི། །

리랍링시니레 균빠디

수메루산과 사대주, 해와 달로 장엄한 이것을

སངས་རྒྱས་ཞིང་དུ་དམིགས་ཏེ་འབུལ་བར་བགྱི། །

상계싱뚜믹떼 불와리기

부처님의 정토로 관상하여 바치오니

འགྲོ་ཀུན་རྣམ་དག་ཞིང་ལ་སྤྱོད་པར་ཤོག །

도꾼남닥싱라 최빠르쇽

모든 중생이 청정한 국토에서 살 수 있게 하소서.

ཨི་དྃ་གུརུ་རཏྣ་མཎྜལ་ལ་ཀཾ་ནི་ཪྱཱ་ཏ་ཡཱ་མི། །

이담 구루 라뜨나 만달라 캄 니르야따야미. (3회)

삼귀의 하기 전 독송

ཤི་ནས་ངན་འགྲོར་མི་སྐྱེའི་གདེངས་མེད་ཅིང་། །

세네 응앤돌 미계 뎅네찡

죽은 뒤 악도에 태어나지 않으리라는 보장이 없고,

དེ་ཡི་འཇིགས་སྐྱོབ་དཀོན་མཆོག་གསུམ་དུ་ངེས། །

게이직 꼽꼰촉 쑴두 응에

그러한 두려움에서 구제하는 이 삼보임이 확실하니,

དེ་ཕྱིར་སྐྱབས་འགྲོ་ཉིད་དུ་བརྟན་པ་དང་། །

데치르 꺕도 신뚜 뗀빠당

그러한 이유로 귀의하는 것은 매우 견고한 귀의심이네.

དེ་ཡི་བསླབ་བྱ་ཉམས་པ་མེད་པར་བྱ། །

게이롭쟈 냠빠 메빠르쟈

귀의의 지침(학처)을 기울지 않게 하라.

དེ་ཡང་དཀར་ནག་ལས་འབྲས་ལེགས་བསམས་ནས། །

데양까르 낙레 데렉 쌈네

그 (구제) 또한 선업과 악업의 인과의 이치를

바르게 사유하여

བླང་དོར་ཚུལ་བཞིན་སྒྲུབ་ལ་རག་ལས་སོ། །

롱도르 출신둡라 락레쏘

취하고 버리는 그러한 체계(도리)를 법답게

실천(수행)함에 달려 있다네.

སེམས་བསྐྱེད།

쎔께 _ 귀의심과 보리심 일으키기

སངས་རྒྱས་ཆོས་དང་ཚོགས་ཀྱི་མཆོག་རྣམས་ལ། །

상계 최당 촉끼 촉남라

부처님, 다르마, 승가, 삼보께

བྱང་ཆུབ་བར་དུ་བདག་ནི་སྐྱབས་སུ་མཆི། །

장춥 바르두 닥니 꺕수치

깨달음을 얻을 때까지 제가 귀의합니다.

བདག་གིས་སྦྱིན་སོགས་བགྱིས་པའི་ཚོགས་རྣམས་ཀྱིས། །

닥기 진쪽 기삐 촉남끼

제가 보시 등을 한 공덕으로

འགྲོ་ལ་ཕན་ཕྱིར་སངས་རྒྱས་འགྲུབ་པར་ཤོག །

돌라 펜치르 상계 둡빠르쑉

중생을 돕기 위해 붓다를 이루게 하소서.

(3회)

자비로운 스승께 예찬

སྐྱབས་གསུམ་ཀུན་འདུས་བླ་མ་རྡོ་རྗེ་འཆང་། །

깹쑴 꾼뛰라마 도제창

삼귀의처 모두가 구현된 스승이신 금강수불

གང་ལ་གང་འདུལ་བཤེས་གཉེན་ཚུལ་བཟུང་ནས། །

강라 강둘세닌 출중네

어떤 제자에게나 다양한 선지식의 모습으로 나투어

མཆོག་དང་ཐུན་མོང་དངོས་གྲུབ་སྩོལ་མཛད་པའི། །

촉당 툰몽 응외 둡쫄제뻬

최고의 성취와 공통된 성취를 주시는

དྲིན་ཅན་བླ་མ་རྣམས་ལ་ཕྱག་འཚལ་ལོ། །

딘짼라마 남라 착첼로

은혜로운 스승들께 예경 드립니다.

ཚད་མེད་བཞི།

체메시 _ 네 가지 한량없는 마음 일으키기

སེམས་ཅན་ཐམས་ཅད་བདེ་བ་དང་བདེ་བའི་རྒྱུ་དང་ལྡན་པར་གྱུར་
ཅིག །

셈쩬 탐쩨 데와당 데위규당 덴빠르 규르찍

중생 모두 행복과 행복의 원인을 갖게 하소서.

སེམས་ཅན་ཐམས་ཅད་སྡུག་བསྔལ་དང་སྡུག་བསྔལ་གྱི་རྒྱུ་དང་
བྲལ་བར་གྱུར་ཅིག །

셈쩬 탐쩨 둥엘당 둥엘 기규당 델와르 규르찍

중생 모두 불행과 불행의 원인과 헤어지게 하소서.

སེམས་ཅན་ཐམས་ཅད་སྡུག་བསྔལ་མེད་པའི་བདེ་བ་དང་མི་
འབྲལ་བར་གྱུར་ཅིག །

셈쩬 탐쩨 둥엘 메삐 데와당 미 델와르 규르찍
중생 모두 고통 없는 행복과 헤어지지 않게 하소서.

སེམས་ཅན་ཐམས་ཅད་ཉེ་རིང་ཆགས་སྡང་གཉིས་དང་བྲལ་བའི་
བཏང་སྙོམས་ལ་གནས་པར་གྱུར་ཅིག །

셈쩬 탐쩨 네링 착당 니당 델외 땅뇸라 네빠르규르찍
중생 모두 차별, 집착하고 싫어함 둘과 헤어져
평등심에 머물게 하소서.

(3회)

마음을 다스리는 여덟 가지 게송

བདག་ནི་སེམས་ཅན་ཐམས་ཅད་ལ། །

ཡིད་བཞིན་ནོར་བུ་ལས་ལྷག་པའི། །

དོན་མཆོག་སྒྲུབ་པའི་བསམ་པ་ཡིས། །

རྟག་ཏུ་གཅེས་པར་འཛིན་པར་ཤོག །

닥니 쎔쩨 탐쩰라, 이신 노르불레 학삐
된촉둡뻬 셈빠이, 딱뚜 쩨빠르 직빠르쇽
최상의 뜻 이루는 마음으로 내가 중생 모두를
여의주보다 더 늘 소중히 여기게 하소서.

གང་དུ་སུ་དང་འགྲོགས་པའི་ཚེ། །

བདག་ཉིད་ཀུན་ལས་དམན་བལྟ་ཞིང་། །

གཞན་ལ་བསམ་པ་ཐག་པ་ཡིས། །

མཆོག་ཏུ་གཅེས་པར་འཛིན་པར་ཤོག །

강두 쑤당 독빼체, 닥니 꾼레 멘따싱
섄라 쌈빠 탁빠이, 촉뚜 째빠르 진빠르쇽
어디서 누구와 만나든 나 자신을 누구보다 낮추고
마음속 깊이 남을 가장 귀하게 여기게 하소서.

སྤྱོད་ལམ་ཀུན་ཏུ་རང་རྒྱུད་ལ། །

ཉོག་ཅིང་ཉོན་མོངས་སྐྱེས་མ་ཐག །

བདག་གཞན་མ་རུངས་བྱེད་པས་ན། །

བཙན་ཐབས་གདོང་ནས་བཟློག་པར་ཤོག །

쨀람꾼뚜 랑귈라, 똑찡 논몽 께마탁
닥섄마룽 쩨뻬나, 쟌외 동네 록빠르쑉
모든 행에 자기 마음을 살피고 번뇌 생기자마자
나와 남을 해치기에 단호히 제거하게 하소서.

རང་བཞིན་དངས་པའི་སེམས་ཅན་དང་། །

སྱིག་སྱུག་དྲག་པོས་ནོན་མཐོང་ཚེ། །

རིན་ཆེན་གཏེར་དང་འཕྲད་པ་ལྟར། །

རྙེད་པར་དཀའ་བས་གཅེས་འཛིན་ཤོག །

랑신 웅엔뻬 쌤쨴당, 딕둑 닥뻬 뇐통체
린첸 떼르당 테빠따르, 녜빨 까외 쩨진쑉
버림받고 불쌍한 중생들 죄와 고통에 크게
짓눌리는 것을 볼 때 귀한 보석의 원천 만난 듯이
소중히 여기게 하소서.

བདག་ལ་གཞན་གྱིས་ཕྲག་དོག་གིས། །

གཤེ་སྐུར་ལ་སོགས་མི་རིགས་པའི། །

རྒྱོང་ཁ་རང་གིས་ལེན་པ་དང་། །

རྒྱལ་ཁ་གཞན་ལ་འབུལ་བར་ཤོག །

닥라 섄기 딱똑기, 셰꾸를라쏙 미릭빼
공카랑기 렌빠당, 걀카섄라 불와르쏙
남이 나를 질투하여 헐뜯고 모함하여도 부당한 패배는
내가 받고 승리는 남에게 바치게 하소서.

གང་ལ་བདག་གིས་ཕན་བཏགས་པའི། །

རེ་བ་ཆེ་བ་གང་ཞིག་གིས། །

ཤིན་ཏུ་མི་རིགས་གནོད་བྱས་ནའང་། །

བཤེས་གཉེན་དམ་པར་བལྟ་བར་ཤོག །

강라 닥기 펜딱빼, 레와체와 강식기
신뚜 미릭 뇌제낭, 셰녠 담빠르 따와르쏙
내가 도와주었기에 크게 기대했던 그가
매우 나쁜 해를 끼쳐도 바른 스승으로 보게 하소서.

མདོར་ན་དངོས་སམ་བརྒྱུད་པ་ཡི། །

ཕན་བདེ་མ་རྣམས་ཀུན་ལ་འབུལ། །

མ་ཡི་གནོད་དང་སྡུག་བསྔལ་ཀུན། །

གསང་བས་བདག་ལ་ལེན་པར་ཤོག །

도르나 웅에남 규빠이, 펜데 마 남 꾼라불
마이뇌당 둑웅엘꾼, 상외닥라 렌빠르쏙
직접 간접의 이익과 즐거움을 모든 어머니께 바치고
어머니의 허물과 고통 모두 은밀히 내가 받게 하소서.

དེ་དག་ཀུན་ཀྱང་ཆོས་བརྒྱད་ཀྱི། །

རྟོག་པའི་དྲི་མས་མ་སྦགས་ཤིང་། །

ཆོས་རྣམས་སྒྱུ་མར་ཤེས་པའི་བློས། །

ཞེན་མེད་འཆིང་བ་ལས་གྲོལ་ཤོག །

데닥 꾼꿍 최계끼, 똑뻬디메 마빡싱
최남 규마르 셰뻬뢰, 셴메칭왈 레돌쇽
또한 앞의 모든 행들이 번뇌인 세속팔풍에 물들지 않고
모든 현상을 신기루로 아는 마음으로 집착 없이
속박에서 벗어나게 하소서.

반야심경 기도문

སྨྲ་བསམ་བརྗོད་མེད་ཤེས་རབ་ཕ་རོལ་ཕྱིན། །

마쌈 조메 셰랍 파롤친

말로 표현할 수 없고 생각으로 헤아릴 수 없는
지혜의 완성이여.

མ་སྐྱེས་མི་འགག་ནམ་མཁའི་རོ་བོ་ཉིད། །

마께 마각 남카 옹오니

생겨나지 않고 사라지지 않는 허공의 본질이여.

ཨོ་སོ་རང་རིག་ཡེ་ཤེས་སྤྱོད་ཡུལ་བ། །

소소랑릭 예셰 뾰율와

각자의 자각으로 깨닫는 지혜의 영역이여.

དུས་གསུམ་རྒྱལ་བའི་ཡུམ་ལ་ཕྱག་འཚལ་ལོ། །

뒤쑴 걀외 윰라 착첼로

삼세 부처님의 어머니(지혜) 손에 (몸·마음·말이)

있게 하겠습니다.

ཏདྱཐཱ། ཨོཾ་ག་ཏེ་ག་ཏེ་པཱ་ར་ག་ཏེ། པཱ་ར་སཾ་ག་ཏེ། བོ་དྷི་སྭཱ་ཧཱ།

떼야타 옴 가떼 가떼 빠라 가떼 빠라 쌈 가떼 보디 소하.

가라(자량도*촉람)

가라(가행도*졸람)

저 너머로 가라(견도*통람)

완전히 저 너머로 가라(수도*곰람)

온전한 깨달음에 머물라(무학도*밀롭람)

회향 기도

ཕ་མ་སེམས་ཅན་ཐམས་ཅད་བདེ་དང་ལྡན་གྱུར་ཅིག །

파마 쎔쨴 탐째 데당 덴규르찍

어머니와 아버지인 중생 모두가 행복에 머물게 하소서.

ངན་འགྲོ་ཐམས་ཅད་རྟག་ཏུ་སྟོང་བ་དང་། །

응앤도 탐째 똑뚜 똥와당

삼악도에 모든 중생들이 텅 비고

བྱང་ཆུབ་སེམས་པ་གང་ན་སུ་བཞུགས་པ། །

장춥쎔빠당 나쑤슉빠

보살들이 어디에 머물든지

དེ་དག་ཀུན་གྱི་སྨོན་ལམ་འགྲུབ་གྱུར་ཅིག །

데닥 꾼기 몬람 둡규르찍

그들의 모든 원력 속히 이루게 하소서.

ཡོན་ཏན་གཞིར་གྱུར་མ།

욘뗀 시규르마 _ 공덕의 근원

སྐྱེ་བ་ཀུན་ཏུ་ཡང་དག་བླ་མ་དང་། །

꼐와 꾼두 양닥 라마당

태어나는 모든 생마다 바른 스승님과

འབྲལ་མེད་ཆོས་ཀྱི་དཔལ་ལ་ལོངས་སྤྱོད་ཅིང་། །

델메 최끼 빨라 롱최찡

헤어짐 없이 수승한 불법을 실천하여

ས་དང་ལམ་གྱི་ཡོན་ཏན་རབ་རྫོགས་ནས། །

싸당 람기 욘뗸 랍족네

십지와 오도의 공덕을 다 성취하여

རྡོ་རྗེ་འཆང་གི་གོ་འཕང་མྱུར་ཐོབ་ཤོག །

도제 창기 고팡 뉼톱쇽

금강지불의 경지 속히 얻게 하소서.

게셰 체링 노르부 법문집
깹쑴_삼귀의에 대한 가르침

초판1쇄 발행 2024년 12월 16일

지은이 게셰 체링 노르부
법문지도 게셰 빨댄 닥빠
옮긴이 김수연
엮은이 법귀
채록 및 자료정리 법귀, 김수연, 박서현
괄호주석 및 각주 게셰 소남 초펠
교정교열 및 편집 박서현
펴낸이 유재건
펴낸곳 (주)그린비출판사
주소 서울시 마포구 와우산로 180, 4층
대표전화 02-702-2717 | **팩스** 02-703-0272
홈페이지 www.greenbee.co.kr
원고투고 및 문의 editor@greenbee.co.kr

편집 이진희, 구세주, 민승환, 성채현 | **디자인** 이은솔, 박예은
독자사업 류경희 | **경영관리** 이선희

독자의 학문사변행學問思辨行을 돕는 든든한 가이드 _(주)그린비출판사